在孤独中吟唱传奇

张爱玲传

李清秋◎著

中国出版集团　现代出版社

在孤独中吟唱传奇

——张爱玲传

目　录
CONTENTS

序 言

苍凉的传奇

　　我们恰逢一个爱怀旧的年代，那些泛黄的往事，含着岁月的微温，总是能扯出我们心底最柔软的感动。于是，溯洄时光的旅程中，无数的人们不由自主地醉在一汪民国的故事里。那里有风流倜傥，那里有国色天香，那里高悬着一个华丽而苍凉的传奇，叫张爱玲。

　　她曾说，生命是一袭华美的袍子，上面爬满了虱子。一语成谶，这也成了她命运的写照。她守着繁华人生，经尽了苍凉故事。

　　胡琴在岁月里咿咿呀呀地拉着，拉过来又拉过去，那说不尽的苍凉的故事，掩映着万盏灯火，照彻了旖旎的上海滩。传奇便在这灯火辉煌时，在人们的脑际里复活。

　　一九二〇年，她在繁华的大上海，开始了她的人生。那段属于她的人生轨迹，华丽、哀伤、动人……充满了传奇。

　　有时候，她像一个旁观者，睥睨苍生，以敏锐细腻，探寻着人生的百孔千疮，揭开了一个个隐秘得悄无声息的伤疤。有时候，她又是一个红尘的亲历者，在那个风云际会的时代，她曾被温柔以待，曾被宽容呵护，也曾被细心安慰。

　　特立独行的她行走在那个时代里，以惊人的才华和柔软剔透的心，创造了属于她的传奇——那是她独一无二的世界。

　　从不平凡的童年时光，到双城之间的流浪旅行，她不断地和生活相逢，在仓促的岁月里记录着寻常或非凡的点滴。那些记忆，有一些成了葛薇龙的残酷青春，有一些化作了七巧窗前的冷月光，有一些则成全了王佳芝目光里那一颗粉钻。

　　她的作品，她深刻的爱，成就了她生命中不朽的传奇。一番执迷不悟的痴迷，一番心灰意冷的看透，她爱得痴迷缠绵，爱得绝望彻骨。

　　她跌宕了一生，最后，她没有丈夫，没有孩子，甚至没有在故乡终老，她孤独地守望在大洋彼岸，零零落落地在小公寓里渐渐萎落，像是一朵骄傲的玫瑰，终于垂下了头颅。

　　可是，哪怕再寂寞的时候，面对曾深爱过的人的迷途知返，她也坚持底线决然不悔；哪怕再忧伤的时候，她亦是善待生活，善待自己——就算世界上没有人来爱自己，也要自己好好爱自己。这样生活着的女子，该有一颗多么强大、多么所向披靡的内心。

　　在她的身上，时光收敛起了残酷，并精心地将她的人生故事雕刻成了华丽而苍凉的传奇。而她的灵魂，将横亘在时光里，成为不朽的艺术品。

第一章

繁花深处：
有一种绽放叫青春

回首一卷家门荣光

一九二〇年秋，一个落叶纷飞、微雨初凉的季节。

这一年，上海外滩早已高楼林立，这一日，黄浦江水喧嚣不绝。天与地，山与水，在这一日仿佛集聚起全部的灵气，营造着一个恢宏的背景，迎接一朵文坛奇葩的到来。这天，在上海公共租界西区的麦根路313号，张家大院里新添了一位小姐，在父亲的叹息声中，她的啼哭是那样响亮，预示着轰动世人的未来，是的，这个被叫作"张瑛"的女孩，便是日后名震四方的张爱玲了。

说到张家大院，就不得不提及那个属于张氏贵族的黄金时代。张爱玲的爷爷是清末著名的"清流派"代表人物张佩纶，而她的外曾祖父，则是清末著名的中堂大人李鸿章。

那是一个遥远的绝响，隔着繁重的历史和氤氲的大时代气息，几经辨认，终于清晰起来。每逢过节，张爱玲总是要去给"六姨奶奶"磕头。在她心里，是极为敬重这个老人的，因此，"六姨奶奶"也成了后来张爱玲小说《创世纪》中的主人公。

> 老太太是细长身材，穿黑，脸上起了老人棕色寿斑，眉睫乌浓，苦恼地微笑着的时候，眉毛睫毛一丝丝很长地仿佛垂到眼睛里去。从前她是个美女，但是她的美没有给她闯祸，也没有给她造福，空自美了许多年。现在，就想赍志以殁，阴魂不散，留下来的还有一种灵异。

那时的张爱玲对自己的身世尚且懵懂，但在古老的旧世界里，她的祖先分明是闪耀着光芒的人物。张爱玲的外曾祖父李鸿章——一个有着孤独、复杂、深邃内心世界的政治家，一个颇受争议的政治家，承受的痛苦远比"卖国贼"的骂名更多。

事实上，李鸿章在对待自己的事业是严谨的，勤勤恳恳，兢兢业业。他办理了天津教案，领导了洋务运动，还创建了新中国第一支水军。在世纪的尾巴上，他力挽狂澜，挣扎着为自己的民族做出最后的努力。但时代的洪流已滚滚而来，绝非人力可为，于是，他终究消失在激荡的历史中。

因为出席签订了《马关条约》，他成了"汉奸""刽子手"的代名词，举国上下令人唾骂。可是，又有几人可知，在他签订了人生中最后一个条约《辛丑条约》后，不到两个月，便内心激愤，忧郁而终。生命弥留之际，他写下一首诗，由此可见，这位为大清鞠躬尽瘁、鞍前马后的老臣，在民族危难之前是多么地无可奈何。

劳劳车马未离鞍，临事方知一死难。

三百年来伤国步，八千里外吊民残。

秋风宝剑孤臣泪，落日旌旗大将坛。

海外尘氛犹未息，诸君莫作等闲看。

　　在事业上，他励精图治，一度影响到他的日常生活。封建社会，媒妁之言。他的结发妻子当然是奉父母之命娶来的。面对这位并不漂亮的太太，他依然对她照顾有加，并与她生下了几个儿女，其中爱女李菊耦便是张爱玲的祖母了。

　　李菊耦还有一个小妹，在兄妹中排行老六，因此成了现在的"六姨奶奶"。李鸿章对这两个女儿颇为宠爱，经常带她们出席一些场合，增长见识。要说起祖母李菊耦和祖父张佩纶的结识，还要从一首名为《基隆》的七言诗说起：

基隆南望泪潸潸，闻道元戎匹马还。

一战岂容轻大计，四边从此失天关。

焚车我自宽房琯，乘障伊谁任狄山。

宵旰甘泉犹望捷，群公何以慰龙颜？

　　诗歌的作者是李菊耦，结缘人便是张佩纶了。

　　张佩纶是清朝末期的仕子，那时，他正在李鸿章的府上做幕僚。在知天命的年龄，在饱经岁月风霜的年龄，他以很低的政治姿态存在着。张佩纶本是有名的政治家，二十二岁便高中举人，一时大放异彩。作为言官，他深知自己责任重大，丝毫马虎不得，于是在弹劾官员时毫不留情，只用了半载时光，便树敌众多。

一八八四年，中法战争正式开始。南疆危在旦夕，张佩纶被总理衙门派去办理海防事宜。然而，没落腐朽的清王朝怎能敌得过工业文明的国家？张佩纶的雄心壮志纵使再能感天动地，却根本不能在战场上敌过法兰西飞奔的战车。

一夜之间，台湾福建的海防便被来自法兰西的炮火打得支离破碎，陨落在南中国海上，消逝不见。身为主帅的张佩纶为保命头顶铜盆，仓皇而逃。战事大败，主帅逃跑的消息一传到朝廷，龙颜震怒早已在预料之中。

战事的失利于飘摇的清王朝来说本是寻常之事，但那些曾被张佩纶犀利谏言过的官员，岂可轻易放过这复仇的好机会？于是一番上表过后，"革职充军，流放东北"的圣旨便飘到了张佩纶的手上。

张佩纶彻底被朝廷遗弃了，这一弃，便是四年。四年后，四十余岁的张佩纶终于从东北返回到京师。在经历了大风大浪之后，年轻时"与天公试比高"的壮志已变成了一个永远无法实现的乌托邦。

屋漏偏逢连夜雨。回到北京不久，张佩纶的夫人便撒手人寰。就在他走投无路之时，在他流放东北时屡次接济他的李鸿章再次提携了他，请他在幕下做记室。后来，张佩纶无意看到了挂在李鸿章书房内的那首《基隆》，全诗虽然在写他败北的事件，字里行间却流露出对他本人的理解、同情和惋惜，充满了惜才之情。张佩纶看到此诗后颇为感动，而李鸿章在此时又提出想将女儿许配给张佩纶。对此，曾朴的《孽海花》中有详细描述：

书说：戚毅伯（即李鸿章）笑道："只是小女儿有点子小聪明，就要高着眼孔。这结亲一事，老夫倒着实为难，托贤弟替老夫留意留意。"仑樵（即张佩纶）道："相女配夫，真是天下第一件难事！何况女公子这样的才貌呢！门生倒要请教老师，要如何格式，才肯给呢？"戚毅伯哈哈笑道："只要和贤弟一样，老夫就心满意足。"

就这样，中堂大人的千金，年仅二十三岁的李菊耦就嫁给了四十余岁的贬官张佩纶做填房。起初，李鸿章的夫人对女儿的这门亲事是坚决反对的，但无奈李鸿章态度坚决。于是，老夫少妻的一个家庭便组建了起来。

李菊耦和张佩纶共同生活了七年，张佩纶便与世长辞了。留下三十岁的娇妻和一儿一女，便是张爱玲的父亲张廷重和姑姑张茂渊了。

李菊耦面对孤儿寡母的境遇自然感慨，这种情绪投入一双子女身上便是寄予更多的厚望与期许。于是，她对儿子张廷重严加管束，据张府女仆回忆："老太太总是给三少爷穿得花红柳绿，满帮花的花鞋——那时候不兴这些了，穿不出去了。三爷走到二门上，偷偷地脱了鞋换上袖子里塞着的另一双鞋。我们在走马楼窗子里看见了，都笑，又不敢笑，怕老太太知道了问。"

为了不让儿子学坏，为了不败坏了门庭，老太太甘愿让儿子像个女孩子一样，给他穿彩色的衣服和鞋子。也许是联想到自己婚姻的不幸，李菊耦对女儿格外宽容些。很多不允许张廷重做的事情，到了女儿那里，老太太也就睁一只眼闭一只眼了。这种给予儿女自由的失衡，也造成了后来张廷重性格的女性化倾向。

　　家庭往事，向来如人饮水，冷暖自知。这段被文人墨客编得绘声绘色的故事，到了当事人后代子女的身上，已经褪去了早期浮华的光环，迎接他们的只有冰冷的生活现实。张茂渊不止一次在提起父母婚姻时表露出惋惜的情绪，她为自己的母亲感到惋惜，甚至认为父亲配不上母亲。

　　辉煌的时代一去不复返，曾经真正煊赫的贵族现在尚且靠着老本维持着表面上优渥浮华的生活。正是在时代交替之际，张爱玲出生了，在这明末清初的仿西式建筑中，在这个有着太多古老回忆的家族里，一枚文学天才的种子就此落下，生根发芽。

少年子弟江湖老

　　弄堂的风无惧地吹进屋子，吹转了小女孩的风车，吹响了墙上的挂钟，就连茶壶也呜咽了两三声，交响曲般地回荡在这个繁华的老宅里。小时候的张爱玲是一个非常招人喜欢的孩子，她生着红扑扑的小脸蛋，剪了齐刘海，一根一根地垂下来，衬得眸子越发黑亮，灵气动人。

这天，何干叫醒熟睡的张爱玲，给她穿上了一件红色的小夹袄。此时，她已跟随父母离开了上海，来到天津。后来，张爱玲在散文《私语》中做出如下回忆："第一个家在天津。我是生在上海的，两岁的时候搬到北方去。北京也去过，只记得被用人抱来抱去。"关于照顾她起居生活的"何干"，张爱玲倒也愿意多说几句：用手去揪她颈项上松软的皮——她年纪逐渐大起来，颈上的皮逐渐下垂；探手到她颔下，渐渐有不同的感觉了。小时候我脾气很坏，不耐烦起来便抓得她满脸的血痕。她姓何，叫"何干"。不知是那里的方言，我们称老妈子为什么干什么干。何干很像现在时髦的笔名："何若"，"何之"，"何心"。可以说，是何干这位中年妇女，给了张爱玲最初的关爱与照顾。

在天津刚开始生活的日子，是愉悦且松散的。每天，家中的客厅里人来人往，而张爱玲也会自己制造欢乐。有一次，她在院子里荡秋千，看到一个高大的丫头，额头上长着疤，后来，张爱玲就唤她为"疤丫丫"。"疤丫丫"也喜欢荡秋千，有一次，她荡到最高处，不知怎的，秋千忽然翻了过去，这下可好，"疤丫丫"直接翻到了后院里。

夏日里，张爱玲会穿着桃红色的小短衫，让何干搬来一个小板凳，坐在那里喝淡绿色的六一散，然后认认真真地看起了手中的谜语书。小女孩粉嘟嘟的唇轻启，把谜语唱了出来，"小小狗，走一步，咬一口……哈！是剪刀"，还没等她把谜语念完，就想到了谜底。这便是小时候的她了，自娱自乐并乐在其中，究其原因，恐怕是在张爱玲童年生活中父母就已经缺席的缘故吧。

穿堂风呜呜地吹在大宅的每一个角落里，发散出腐朽落寞的气息。午后的张爱玲，在院子里寻找着小蜗牛。经过父亲的房前，乖巧的她突然想起了父亲，倒不如去看看他吧！

张爱玲推门而入，扑面而来的是满屋子的烟草味，带着一种慵懒诱惑的气息，能沁到骨头里。烟炕上的男子以一种并不舒展的姿势侧身躺下，仿佛在呓语着。小女孩看不清楚父亲的脸庞，那双混浊的眼多数时候都是眯着的，在烟雾缭绕间显得那般怡然自得。聪慧的张爱玲悄悄退了出来，她知道这个时候最好不要打扰他。这便是张爱玲的父亲张廷重了。

作为一个庸庸碌碌的贵族遗少，张廷重的名字，也许只因他的女儿，父亲和外祖父被后人知晓。在张爱玲的记忆里，父亲是个喜欢吞云吐雾、绕室吟哦的人。背诵古文的时候，他常常吞云吐雾，以一唱三叹作结。一篇背完，沉默着走上一两步，然后又是另一篇。

出门来，何干便抱着她往母亲的住处去了。肉嘟嘟的女娃，趴在铜质大床的方格子青锦被上，睁着溜圆乌黑的眼睛，看着睡眼惺忪的女子。这个美丽的女子便是张爱玲的母亲黄逸梵。

黄逸梵原名黄素琼，因思想开放，追逐自由，改名为黄逸梵，听名字就知道她是个不甘平凡的女子，带着一种矫情的傲娇，比成年后的张爱玲更是张扬地竖起眉角，睥睨着大千世界。黄逸梵长得清秀且高挑，头发不太黑，肤色也不算白，仔细看去，有点拉丁女郎的风情，一种别样又惊异的美。岁月越是长久，她的面庞就越风韵撩人。

张爱玲在刚刚学会走路的时候，总蹒跚着在母亲的房里走来走去。渐渐地，她发现母亲醒来时，总是不甚开心的，仿佛内心有阳光都无法驱散的阴霾。张爱玲在母亲面前会格外乖巧，只有这样，也许才能博得母亲一笑。

后来，她喜欢躲在母亲看不到的地方看她照镜子。在旧时光里，母亲一切的美都经得住光阴考验。她穿着一身墨绿色的裙子，上面别着一枚翡翠的胸针。小小的心灵不经意间就受到了震撼，张爱玲开始渴望长大，渴望漂亮，渴望自由。她当时最大的夙愿便是"八岁我要梳爱司头，十岁我要穿高跟鞋，十六岁我可以吃粽子汤团，吃一切难以消化的东西"。

母亲嫁给父亲时只有二十二岁，如果她只想安稳地做好一个少奶奶，不问世事，对夫君纳妾嫖妓赌博抽大烟之事不闻不问，那她的一生肯定是平安富足的。在民国，多少太太们都在这样浮华的外观下掩盖了内心真实的创伤，越是欲望不满就越尽情挥霍，越是意气难平就越忍气吞声。

但黄逸梵才不要这样窝囊地活下去。她早年出国留学，学油画，习英文，与徐悲鸿、蒋碧薇都是熟识，在妻子洋溢着时代朝气的映衬之下，张廷重身上没落贵族的陈腐味道愈加显烈。

黄逸梵显然对自己的丈夫是无爱的。在她眼里，这个不求上进的公子哥儿，除了吸鸦片、养小妾，能说几句诗文和英语，几乎一无所长。更何况，骄傲的她，怎么能忍气吞声地过着位分为妻、情分为妾的生活。于是，1924年，张茂渊要出国留学的时候，黄逸梵以小姑出国留学需要监护人为由，决定与其一同出行。

　　张廷重听到此消息颇为反对，满脑子男尊女卑和三纲五常的思想，只能让那被旧上海官僚阶级的种种恶劣风气熏陶得更加混浊。突然面对妻子对自己一直所坚守的东西如此强有力的挑战，他自然是不服和不赞成的，但这依旧不能阻止黄逸梵的脚步。

　　张廷重和黄逸梵，一个胸无大志，知足常乐，沉溺于酒色烟榻；一个眼高心广，志在漂洋过海，恨有生之年不能看尽世界的浩渺。他们两个，一个是阴冷、陈旧、暧昧的，一个是洋派、光明、富足的。这样的两个人，即便外人看来再门当户对、金童玉女，也会因为心智意趣的格调相距太远，随着岁月流逝，隔阂更显清冷逼人。黄逸梵终究是走了，尽管那年，她已经二十八岁，而且已是两个孩子的母亲。以这样尴尬的身份出国留学，在当时来讲简直匪夷所思。不知道她是顶着怎样的压力听凭那些张家人说她"不安分"的，但她从未动摇过分毫。

　　黄逸梵走的那天，张爱玲并没有哇哇大哭，依旧喜欢躲在母亲身后，静静地看着她。那天妈妈穿了一条绿色的长裙，临行前伏在床上哭泣着，抽噎着，就连裙子上的亮片也跟着一抖一抖，闪闪发光。姑姑张茂渊已经在外面等候多时，下人们也上前催了好几次，可黄逸梵都像没有听到一样。

　　于是，用人们只好让张爱玲上前劝说，"婶婶，时候不早了"。张爱玲算是过继给另一房的孩子，所以她称自己的父母为叔叔和婶婶。虽然那时的张爱玲只有四岁，但她对这次和母亲的离别印象深刻。后来在《私语》中，她这样描述："她不理我，只是哭。她睡在那里像船舱的玻璃上反映的海，绿色的小薄片，然而有海洋的无穷尽的颠簸的悲怆。"

作为一个母亲，黄逸梵不是十分称职的，她内心所遵从的并非中国女子的传统美德。当初把自己的名字从黄素琼改成黄逸梵就能看得出来，她不愿意做一个闺阁中的好女人，她要走遍天下，她要爱每一个她愿意爱的人，哪怕一次次被抛弃，堕胎，流浪几十年，哪怕晚年都没有一个真正值得依靠的人。

对于女儿张爱玲，她的情感是矛盾的。天然的母爱无法阻挡，但作为一段失败婚姻的结晶，让这份母爱也裹挟了许多疏离。母爱的缺失对于张爱玲来说印象深刻，她后来说过这样的话："最初的家里没有我母亲这个人，也不感到任何缺陷，因为她很早就不在那里了。"能将母亲说得这样云淡风轻，可见初次别离并没有给张爱玲留下过多的伤痛记忆。

但黄逸梵对张爱玲的影响确实是深刻的，她的风流洒脱，让张爱玲心底对母亲有着非同小可的敬佩。在母亲面前，她自己永远都是低低的，远不及她光华璀璨。张爱玲是一树清梅，寒枝玉骨，一生疏影横斜，暗香浮动；母亲则是喷薄吐艳的牡丹，风情万种，盛气凌人。

她裹了小脚，却不守礼仪纲常；她追逐情爱，却抛离丈夫子女。这样一个中学为体西学为用的女子，同时具有东方闺秀的玲珑典雅和西方淑女的潇洒风度，如果那个年代有这种说法的话，黄逸梵就是个纯粹的"香蕉人"，张爱玲就曾俏皮地说母亲是"踏着三寸金莲横跨两个时代"的女人。

母亲这一去便是数不清的年华。一日一日，燕子在每个春日里街泥而来，小爱玲在窗口郁郁地等待一个叫作"母亲"的美丽女人。这样的等待使得爱玲的童年极为不愉快，父亲未能给予她满当当的父爱，母亲又长期在外，只顾着追逐自己的浪漫与幸福，唯独留下孩子一人成长。

母亲走后，张爱玲便只能和父亲相依为命，一个没有工作、游手好闲的贵族子弟，时间自然多得很。闲来无事，张廷重就带着爱玲去咖啡馆、夜总会——他的所有生活都不避讳女儿，爱玲简直就是父亲生活的见证者。

这样一来，小小的爱玲便有了跟父亲相依为命的感觉，让她越发觉得自己和父亲反都被母亲抛弃了，因而她更是看重珍惜和父亲之间的感情，这些反而让她不争气地忘记了这个没有责任感的父亲在她成长期近乎逃避的疏离，使得一个父爱缺失的女孩子，成年后在爱情上也颇要吃一番苦头。

也许很多真正的爱，本就是带着抛弃和疏离的。这对母女，从来都只爱自己。掩卷静坐，沉思半晌，张爱玲从来都写不出冰心那样的文字，看看她笔下的母亲、曹七巧、娄太太、白老太，那些颂扬母爱的"滥调文章"，她从来都做不出来，她冷漠地将亲子关系还原为普通的人与人的关系，使得冰心一直鼓吹到肉麻的"母爱"显得那样尴尬。

她们有着血脉关系，却没有母女深情，而其中的缘由是否都是因为黄逸梵太过于渴望标榜着的自由？旁观者迷，不知该如何定位和评价。也许，后世应该感谢这位不羁放纵爱自由的母亲——唯有这样的放纵，才能有张爱玲这样逆世而行的文坛奇才，生女爱玲，才是黄逸梵一生最好的作品。

一九五八年，黄逸梵独自一人在英国去世。很多年后，张爱玲也谶语般远渡重洋，度过了寂寞的后半生后，在美国的个人寓所里静默无声地离去，这个世界的喧哗，从来都不属于这些追逐自由的女人。

萧瑟意气，半世伶仃

作为大户人家的小姐，虽然父母对张爱玲关心甚少，但她从不缺玩伴。虽然她性格孤绝，但在与弟弟的关系上却是十分亲密的。弟弟张子静比姐姐晚出生一年。从《对照记》中一张张子静三岁的照片来看，他有着白白的皮肤、大大的眼睛和长长的睫毛，是个漂亮的男娃，怎么看都是让人欣喜的。和姐姐一样他也有个小名，叫小魁。

那时候，张家已经从上海搬到了天津，住在英租界一个宽敞的花园洋房里。父亲与同父异母的二哥分了家，名下有不少房屋、地产，再加上黄逸梵那份丰厚的陪嫁，日子过得十分宽裕。

但是好景不长，张廷重大概是觉得娶了名门，又有一双儿女，半生无忧，便结识了一班酒肉朋友，开始花天酒地，嫖妓、玩戏子、养姨太太、赌钱、吸大麻，儒雅的书生气不复存在，一步步堕落下去。

而黄逸梵向来对男女不平等深恶痛绝，在受到五四运动的洗礼后，更是对旧社会的那一套腐败习气厌恶不堪。对于丈夫的堕落，她不愿意做个包容的"贤妇"，好在她也颇有底气。

于是这对别人看来金童玉女佳偶天成，便产生了不可调和的矛盾与对立。张爱玲的姑姑张茂渊也是一位新派女性，作为天津城里第一位戴眼镜的女性，她向来看不惯哥哥的所作所为，坚定不移地站在嫂子这一边。

当两个女人的抵抗对一个男人并不产生效力时，她们便一起离家出走来表达内心的抗议。黄逸梵这样离开的时候，全然没有想过一双儿女没有了母亲的荫庇，在无所事事的浪荡子父亲和飞扬跋扈的继母的环绕下，会过着怎样的生活。

作为家里的小公子，张子静自然比姐姐更受族人的关注和宠爱。但早熟的姐姐张爱玲观察格外敏锐，天赋资质异于常人，比张子静看起来聪明了很多。后来，张爱玲在自己的作品里这样回忆道："我弟弟实在不争气，因为多病，必须扣着吃，因此非常地馋，看见人嘴里动着便叫人张开嘴让他看看嘴里可有什么。病在床上，闹着要吃松子糖——松子仁舂成粉，掺入冰糖屑——人们把糖里加了黄连汁，喂给他，使他断念，他大哭，把只拳头完全塞到嘴里去，仍然要。于是他们又在拳头上擦了黄连汁。他吮着拳头，哭得更惨了。"

从这段话中可以看出张爱玲心中的优越感。她觉得自己比弟弟大，比他会说话，比他身体好，很多他不能吃的东西自己都可以吃。

小孩的好胜心理得到了很大满足。

弟弟长得惹人喜欢，又格外乖巧。因此，姐弟两人经常晚饭后跑到院子里玩耍，他们喜欢扮演金家庄上骁勇的将士，在月光下攻打敌人。每次的战事都是姐姐想出来的，有时候弟弟也会参与进来，编一个自认为有趣的故事，但往往还没等他说完，张爱玲就已经笑倒了，在他脸上轻轻吻一下。

自母亲出国，父亲的姨太太便袅袅婷婷、大摇大摆地进了张家大院。这个被叫作"老八"的新姨娘，以前是个妓女。她的到来，是压倒黄逸梵的最后一根稻草。早在姨娘被养在小公馆的时候，张爱玲就被父亲拉着去见过面了：

> 我父亲在外面娶了姨奶奶，他要带我到小公馆去玩，抱着我走到后门口，我一定不肯去，拼命扳住了门，双脚乱踢，他气得把我横过来打了几下，终于抱去了。到了那边，我又很随和地吃了许多糖。小公馆里有红木家具，云母石心子的雕花圆桌上放着高脚银碟子，而且姨奶奶敷衍得我很好。

公馆虽小，却五脏俱全。家具精致而漂亮，装饰也颇为温馨。张爱玲从心底里不反感这个地方，如今自然也不会反感这个比自己父亲还要大上几岁的女人。自打新姨娘进府以后，古旧的老宅子如同被注入新鲜的血液，一下子焕发出活力，张家也变得比平日里热闹起来。

透过晶莹的瞳孔，张爱玲看到了奇异的故事和缤纷的人物于不远处的客厅里氤氲开来，"我躲在帘子背后偷看，尤其注意同坐在一张沙发椅上的十六七岁的两姊妹，打着前刘海，穿着一样的玉色袄裤，雪白的偎依着，像生在一起似的。"

每天晚上，她都可以跟着姨娘去起士林看别人跳舞，在姨娘跳舞尽欢的同时，她可以坐在小桌子旁独自吞掉一整块奶油蛋糕，"姨奶奶不喜欢我弟弟，因此一力抬举我，每天晚上带我到起士林去看跳舞。我坐在桌子边。面前的蛋糕上的白奶油高齐眉毛，然而我把那一块全吃了，在那微红的黄昏里渐渐盹着，照例到三四点钟，趴在用人背上回家"。

姨娘看张子静不顺眼，这个孩子长得跟大房太像了，实在可恨。于是她故意极力抬举张爱玲，有一次，姨娘做了一件非常时髦的衣服送给张爱玲。她问张爱玲，是喜欢自己还是喜欢她出走的妈妈，张爱玲的答案是："喜欢你。"一个是深藏在心底的复杂情感，一个是近在咫尺的虚假温暖，其实，怎样的回答都无所谓。

想必也是因为想生出个儿子来取代张子静的地位，因此姨娘将他视作敌人。她看得出张爱玲自矜自重，不那么好欺负，便在这个不甚健壮不甚聪明的幼子身上作威作福——下九流出身的女人，能有多少教养？好端端的一个小少爷，在失怙的环境里，竟被这样一个女人欺压到头上，哪能出人头地，延续祖上的荣华？

在缓慢的时光里，两个孩子长大了。父亲给张爱玲和张子静请了私塾先生。他们每天一起上课，本是平常的好时光，张爱玲却爱哭了起来。

那一个时期，我时常为了背不出书而烦恼，大约是因为年初一早上哭过了，所以一年哭到头。——年初一我预先嘱咐阿妈天明就叫我起来看他们迎新年，谁知他们怕我熬夜辛苦了，让我多睡一会，醒来时鞭炮已经放过了。我觉得一切的繁华热闹都已经成了过去，我没有份了，躺在床上哭了又哭，不肯起来，最后被拉了起来。坐在小藤椅上，人家替我穿上新鞋的时候，还是哭——即使穿上新鞋也赶不上了。

每过一阵子，爱玲和弟弟都要去找父亲背书。父亲和姨娘住在一楼的一个大房里，姐弟俩难得进去，进去了便立在父亲的烟炕前背书，张爱玲也许是喜欢这个时候的，因为每次她都背得比弟弟好。

可张爱玲渐渐发现，姨娘似乎不再像以前那般开朗，她的脾气慢慢坏了起来。许是见惯了风月场中的灯红酒绿，如今身处庭院深深的老宅里，终究不耐烦了。见惯了光亮的人，猛一掷，跌落在深不见底的黑暗里，总会绝望。见惯了纸醉金迷的人，猛一投，丢进苦行僧般吃斋念佛的枯燥生活里，愤怒总会决堤。"姨奶奶也识字，教她自己的一个侄儿读'池中鱼，游来游去'，恣意打他，他的一张脸常常肿得眼睛都睁不开。"

姨娘的暴脾气终于有一天闯下大祸，她竟然用痰盂砸破了丈夫的头。"于是族里有人出面说话，逼着她走路。"

姨娘最终被赶了出去，走的那天，张爱玲坐在小窗台上，望见从门口开过来两辆车子，全部是她带走的银器家什。仆人们都说："这下子好了！"

在姨娘被赶出张家后不久，张家也举家迁徙。

一九二八年，北方的局势很不太平。蒋介石和冯玉祥的会面谋划着京津地区的一场战役，众多遗老遗少为避免战事，纷纷离家，而上海租界正是避难的好去处。末代贵族张家自然也不例外。

不过，据后来张子静所说，他们之所以要搬家，还有其他的原因。

父亲张廷重曾托一个在北洋政府任职的堂兄引荐，在津浦铁路局谋得了一份英文秘书的职位。但是张廷重不仅不去上班，还因为沾染各种恶习声名狼藉，一度影响了堂兄的清誉。一来二去，张廷重被撤了职不说，还落得个颜面尽扫的下场。在这样的窘境下，离开天津已经迫不得已，张廷重决定搬回上海，同时他写信给远在海外的妻子，求她尽快回国。

张爱玲和弟弟跟随父亲来到了上海——这片让她一生最难以割舍的土地。

张爱玲不知道，自己才迷迷糊糊走过一个末代贵族的破落，一不小心又跌跌撞撞地踏入一座小资的城，深陷其中，从此不能自拔。这年，张爱玲八岁。

坐在南下的大船上，从未见过海的张爱玲第一次与大海深情相拥。望着那满眼翻涌的浪花，她只觉得都是快乐的弧线。殊不知，再过几年，她望着同样的一片海，却望见了忧伤。

小女孩躲在船舱里，手中捧着一本《西游记》看得津津有味，耳畔是翻涌的浪涛声。她是喜欢海的，因为它至柔至刚，至纯至美。张爱玲就是海，她容纳了世间所有的薄幸与寡情，然后在这薄情的世界里，深情地活着。经过黑水绿洋，她说："仿佛的确是黑的漆黑，绿的碧绿，虽然从来没在书里看到海的礼赞，也有一种快心的感觉。"

一树玫瑰独铿锵

刚到上海，张爱玲的新家在成定路的一条弄堂里。小小的门脸，远没有天津的大洋房气派。张爱玲常常坐在石库门口，呆呆地望着红油板壁，望着那朱红的印记。在没日没夜下着梅雨的上海，张爱玲知道，再也回不到那个春日迟迟的天津的家了。

每当这个时候，张爱玲总能想起自己的姑姑。童年的时光里，陪她最多的亲人便是姑姑张茂渊了。这位天津城里唯——一位戴着眼镜的女性身上，无不彰显着五四以后新青年的想法与装扮。她清高且智慧，就连自诩聪明的张爱玲，在姑姑面前也常常感到自己愚钝无知。

然而，就是这样一位独立进步的女性却在个人的婚姻大事上，遗漏了好大一块补天之石，于是用一生的时间折腾了好一番光景。

为君一日恩，误妾百年身。寄言痴小人家女，慎勿将身轻许人。白居易若知自己信手拈来的文字竟在这样一位才华横溢的女子身上一语成谶，定然不敢再作这般凄然的文字了。

时光快进到张茂渊二十五岁那年，花开正艳，一如张茂渊的年龄，正当芳华。这位张家的小姐长得颇为英气，虽无十分的容貌，却也不失清秀。在开往英国的轮渡上，她结识了年仅二十六岁的英俊才子李开弟。

漫漫旅途，寂寂无聊，两个意趣相投的年轻人谈天谈地，从国家政治到革命形势，从诗词歌赋到琴棋书画。张茂渊的个人修养非常好，颇有才华又善于倾听，是典型的易被男士欣赏的交谈对象。两颗年轻的心便这样走到一起。这一场旅行变得一下子短去了很多。

故事的高潮在最后，过了五十年，张茂渊以七十五岁高龄嫁给了李开弟。在当时的社会，女子二十五岁尚未出嫁恐怕就已让母家操心不已。这个将剩女做到极致的心气高傲的女子，不知忍受了多少闲言碎语和打量的目光。

在张爱玲笔下，张茂渊姑姑几乎不食人间烟火。她冷静，理性，对兄长极为不屑。可是，即使是这样一个看似高冷的人，在遇到爱情时，依然深陷其中，一等就是五十年。无论是才学还是爱情，这样脱俗拔尘，这样异于凡人，无不显示出张氏家族的矜贵。

张爱玲曾在自己的作品中说，姑姑不喜欢珠宝，手里的珠宝大都被她卖掉，只剩一块披霞，因为不够好，卖不出价钱，她时常感叹人的生命没有意义。在这个完美主义者心里，人生并不是那么隆重，人活一世如若不够精彩完美，还不如燃烧。

这样一个女人，日常里极细微的点滴都带着诗意，没有人能够迎合她，取悦她，她也如同孔雀爱惜羽毛，不肯对凡鸟青睐有加，又若陌上游春赏花的高绝者，不轻落情缘与人。宁缺毋滥，守候一个心中的完美爱侣五十年，也许就是出自于一种对安稳人生的执念吧。

这位新时代的独立女性，有着最强韧的生命力和毅力。人生中唯一一次死去活来，便是为他熬干心血，才换来暮年花开。山长水远的流年，尽数走过的时候，会以为世事早已面目全非，生出许多无端的况味。

在寥廓的人间剧场，一个人要从开场走到落幕，是多么不易，即便是因为懂得而有所慈悲，也显得太过于苍凉。所以它如此宽厚，让尝尽烟火的人们，依旧拥有一颗梨花似雪的心。

最终这样的牵手仍然因为结局的外观美好而显得温馨而感人。我们都懂得，没有谁的过去是一纸空白，能够一起提笔重写故事、点缀人生，依旧是不可多得的福分。

花香淡淡，细雨微风。当等待近乎绝望的时候，她反而能淡淡一笑，抬头邂逅荡漾的春意。这世间，但凡任何一个女子，哪怕刁钻得几近刻薄，哪怕冰冷得不食人间烟火，又哪怕刚强得气势磅礴，终究内心有一处柔软，为着一个她爱的人静静地无私地等候，等候他来填充空白，书写传奇。

这样的一个妙人在张爱玲的成长经历中，扮演了相当重要的角色。她的绝尘与出世，张爱玲定是依傍与模仿了几分。家庭磨难和世事变迁，使幼小的张爱玲心智早熟早慧，也让她对于人生和生活有着自己独特的看法，从中也品味到人生的况味。

　　这便是生活的悲剧哲学，很多人活在别人设计好的戏剧中，却把握不了真实的自我，失去了对自我的控制，逐渐下去很容易被生活所迷惑，渐渐地迷失自我，正如莎士比亚说的"世界就是一个大舞台，每个人都是演员"，造就了一个又一个人生的悲剧。

第二章

袅袅如画：
燃一炉茉莉香片

玫瑰初绽的时光

母亲的出走留下了一个残破的家，尤其对于年龄最小的孩子张子静来说，无疑是一种更深的伤害。相比于张爱玲，弟弟张子静原本应长成一个相貌英俊、才能出众的男子，可当他被留在这个家中之时，这一切也只能是幻想。

张爱玲的心里是有恨的。她恨父亲不管不问，她恨自己没有能力来为年幼的弟弟保驾护航。她想要报复，却没有丝毫办法进行报复，她还太小，没有办法独立，忍耐似乎成了姐弟俩唯一的选择。

在这样压抑的环境下，弟弟变得"乖"起来了，而张爱玲则不同，在最痛苦最无助的时候，她开始拾起幼时养成的创作习惯。当父亲心情足够好的时候，对于爱玲的创作他是骄傲的，甚至在外人面前也要尽情夸耀女儿的这种天赋。

可是，暂时的温情只能存在于父亲脾气温和的时候，大部分时间张爱玲都是被闲置在家的，尤其是后来母亲几度回家又几度出国，更增加了她内心的恐惧感。多少个夜晚她茫然失措，无助地倚靠在床头前想着渺茫的未来，如何才能在一片黑暗之中摸索到通往光明的道路。小说创作似乎成为了她唯一的避风港。

每个母亲同孩子之间都有着不可割舍的情感，就算是如此自我的黄逸梵，她也是牵挂着张爱玲的，不忍看张爱玲闲散在家，便为她注册了圣玛利亚女校的入学名额。这对于张爱玲来说正是一个全新的开始。

这对心气极高的张爱玲来说，是个极好的消息。她开始对未来充满信心，也许，她毕业后可以去英国读大学，学她喜爱的卡通画，这样还可以将中国美术的魅力介绍到美国去。小小的人，大大的心，要比林语堂还厉害。

一想到梦想，她就巴不得即刻离开家，离开自己昏庸的父亲，就是在这样的彷徨与愤恨中，张爱玲开始了自己更为成熟的小说创作。虽然在生活中，张爱玲是缺少父母之爱的，但言情小说却成为她获得对爱认知的重要途径。

张爱玲看小说时是全身心投入的。或许，只有在书中，她才是真正自由的。也正是带着这样的感知体验，张爱玲进行着自我小说创作的进一步提升。

在小学的时候，张爱玲完成了自己第一篇完整的小说——《不幸的她》：一个叫素贞的女子，本是和情人在公园里甜蜜玩耍，却偶遇了好友芳婷，没想到正是这样一个出其不意的偶遇，造就了一段悲剧式的三角恋故事。小说的结尾更是以素贞的投水自尽增添了故事的悲惨色彩。

张爱玲是满含感情写成这部小说的，书中的女子好似自己，那么急切渴望得到爱，那么容易依赖人，全身心付出却最终得不到自己想要的。她陪着素贞不知道流下了多少眼泪，也同时"赚取"了班上多少同学眼泪。

女人太过于感性总是不好的，偏离理智的束缚仿佛是这个女孩唯一能进行自我拯救的方法。张爱玲不是不懂这些，只是小小年纪早已承担了太多不该的东西，不能说，不能发泄，仅有文字是最好的伙伴，是迷惘时的安慰，是依旧可以保有童真的照明灯。

这部处女作几乎花费了张爱玲所有的心血，多少次的浅吟低唱，多少次的删减揣摩，一句话，一个词，甚至是一个字，都是经过深思熟虑后的最佳选择。尽管多年之后的她，在读到自己幼年时的作品浅浅一笑，但这笑容背后不该是对作品略显幼稚的羞愧，而应当是对那个特定时期、特定回忆的惆怅和释怀。

悲剧小说最能考验作者心境和对文字的驾驭能力，小学时期的张爱玲，当然是不成熟的，但是相比于同龄人的纯真，此时的她又是早熟的。浑身散发着令人捉摸不透的魅力。时光的魔力似乎在这个女孩身上停止了，却又像是飞快流逝，没有笑容的脸上诉说着怎样的苦楚和凄婉。

素贞的形象应当就是张爱玲自己吧，年龄尚小，其他人该是走不进她的想象空间的。渴望爱情，却不能在正常的爱情中找到永生。

童年时父母给她的影响早已潜移默化地在张爱玲心中刻下无法磨灭的伤口，这是连她自己都触碰不得的。咬咬牙，故作冷漠，也许能拒绝内心对于情感的渴求。

最初的执笔，也许只是意在内心的渴盼化作笔头的宣泄，可渐渐地，宣泄变得深重，变得充满绝望的悲伤。愁怨爬满整个纸张，在空白处肆意留下它对人生、对情感不满的倾诉。

素贞是可怜的，爱玲又何尝不是。

瘦小的身躯却要承载巨大的梦想，这是极力想要逃出去，远离这个禁锢家庭的梦想。当素贞在为爱辗转反侧的时候，张爱玲亦在黑夜里独自清醒，无数声的叹息，描绘着女孩的困惑和无奈。

张爱玲为素贞设计了自杀的结局，或许她本是不想让她死去的，让她多留一会儿吧，让她能够见到还未到来的美好，遇到一男子，足够疼爱，带来幸福。

只是这样的假设爱玲是不信的，她并不奢望以后的可能，唯一注重的只是现在正在发生和已经发生过的事情。纯粹理性，不会过多陷入小女生般的无限幻想。所以，她只能让素贞死去，这个令她揪心疼爱的角色，她的第一个女主角，只有在死亡中才能得到永生，用沉默的哀痛对这个可憎的世俗、无望的爱情、致命的背叛表达深深的恨意。

也许正是这样的初次尝试，给张爱玲带来了全新的视野和感叹。写作不再仅仅是发泄的工具，它变得丰满又有意义，既是对成长的见证，更是对心灵自我愈合的表现。这之后，张爱玲以一个脱俗者的角度俯瞰着人生间的悲欢离合，用冷峻的文字诉说着一个又一个刻骨铭心的故事。

妙笔冰心添红楼

文字就这样闯进了张爱玲的怀抱，成为唯一能勾起她巨大兴趣的东西，像闪闪发光的宝石，等待着她去探寻、去挖掘。多年后，回过头来看幼时的自己，张爱玲笑道："从九岁时就开始向编辑先生进攻"，这谈笑间又有着多少傲人的神气。

那样小的年纪就开始创作，这是很多人无法想象的。本是打闹嬉戏的年纪，却偏要承担起命运交付的沉重，人生仿佛过早将面纱撩起，给这个感性女子看到未来的面貌。于是，张爱玲那逐渐成熟的文笔，开始散发出难以言表的迷人光芒。

如果说张爱玲是一个天才，初露端倪便是在她七岁时所写的无题家庭伦理悲剧了。

这是一个描写小姑趁哥哥出去经商而策划谋害嫂子的故事，小说并没有完成，故事灵感也可能来自报上的鸳鸯蝴蝶派小说。拿它同日后的作品相比，自然是有欠缺的，但也算得上很不错的一次尝试。两部小说同样选取悲剧主题，除巧合以外，自然是作者刻意为之的结果。

高冷的张爱玲在小说中毫不吝啬将冷色调进行到底，用冰冷的现实来冲淡对温暖感情的渴望，可也正是这些刻意的冰冷，反而让张爱玲显得更加令人心疼。殊不知，竟有那么多如痴如醉的读者，企盼着上天能温柔善待这个坚强的女子。

张爱玲是聪明的，自小便是，仅停留在一种文体的尝试自然是不满足的。失败也好，成功也罢，任何事情张爱玲都是要坚持到底的，执拗吧，固执吧，这就是她，情愿在文字中辗转反侧，也不要在现实中痛苦不堪。

此后，她开始尝试更具挑战的东西，写了个纯粹鸳鸯蝴蝶派的小说——《摩登红楼梦》，一共有 6 回，回目是由父亲代拟的。

小说虽然成品于中学时代，但是起因还得追溯到自己的八九岁，在家中书房偶然一瞥，发现了一部一百二十回本的《红楼梦》，就是那么随手的一拿，竟再也没有放下。

她沉溺于红楼梦的重新编写中，在贾宝玉、林黛玉、王熙凤等人物间穿梭，游走在富丽堂皇的达官营，经历着由极盛转极衰的过程，她困惑了，为了这群人，更为着这个结局。

那时，她并不知道《红楼梦》后四十回另由他人所作。只是单凭感觉来说，她是不喜欢的。大抵是因为"入戏"太深，走出了"红楼"的世界，张爱玲却觉恍惚，放眼四周，自己所经历的不就是"红楼"的现代版吗？既然对这古时的结局不满意，那么就自己来写一个全新的"红楼"故事吧。古今结合，这就是十多岁的小爱玲所能想到的回归经典的最好办法。

沧桑变幻宝黛住层楼，鸡犬升仙贾琏膺景命；

弭讼端覆雨翻云，赛时装嗔莺叱燕；

收放心浪子别阃闱，假虔诚情郎参教典；

萍梗天涯有情成眷属，凄凉泉路同命作鸳鸯；

音问浮沉良朋空洒泪，波光骀荡情侣共嬉春；

陷阱设康衢娇娃蹈险，骊歌惊别梦游子伤怀。

（《摩登红楼梦》序）

只是因为那漫不经心的一瞥，《红楼梦》便成了张爱玲终身挚爱。无数次地翻阅，书中的人物和复杂的情节早已烂熟于心，可是她并不满足这些传奇性的故事仅仅发生在虚构的古代。

她想将它们搬至现代，让当下的人们依然能够感受到传统的魅力，这传统是变换了的传统，与时代更好地接轨，甚至衔接得天衣无缝，这便是张爱玲的才能了。

她把贾府中的人，引到现代的环境中上演一幕幕喜剧：宝玉和黛玉竟住上了楼房；贾政坐上了火车；贾琏有了洋派头，懂得了洋礼节；宝玉、黛玉最终还是因为拌嘴而决裂，可怜的宝玉只得单身出国……

唯一没变的是这些人物在原著中的性格，他们在现代社会中营造了无数让人啼笑皆非的故事，而在这笑容背后又能引人深思。张爱玲是聪明的，原本悲痛的情节经她巧手一变，竟被赋予了这般现代意味和深刻主题。

那是一个何其庞大的封建家族，被特定的时代限制，如同在一个大泥潭中挣扎，所有的人无一幸免，也正是因为封建性的残酷和凄凉，《红楼梦》才能在历史浩瀚的长河中成为经典，受人喜爱。

　　但是经典在张爱玲眼中并不等于一成不变，她喜欢求新，喜欢将全新的元素加进经典之中，所以她勾勒出了《摩登红楼梦》这样一本漫画式的小说。这毕竟不是戏作，尽管是充满喜剧意味的，但张爱玲在小说中增添了太多讽世成分，读来依旧经得住考量。

　　十三岁的她早已褪去了少年般的天真单纯，昔日的幻想开始有了实际的依衬，过早地具有了成人式冷峻的理性。看似已经从童年的沉闷中跳脱出来，可细看却发觉即便是这时的作品也有着成熟后的伤感，喜中带泪大抵是最不能言说的痛苦了。

　　对人世间的父母与子女，男人与女人的情爱，张爱玲是抱有怀疑的，她一方面依旧渴望爱情，另一方面却害怕爱情，害怕伤害。或许，正是带着这样的心理感受，才能够将故事写得如此透彻。

　　《摩登红楼梦》不能算作是原作的续本，它彻头彻尾地改变使前者有了全新视角，人性中的自私、伪善、空虚、欲望在她的笔下显得生动、扣人心弦。影射现实是张爱玲创作的基础，《摩登红楼梦》中贾琏纳姨太太的部分，不能不说与她自己父亲是有一定契合度的，大抵正是契合才能引发她深入的构思，带着主观的情感化作理性的笔调，描绘出更多发人深省的传奇故事。

　　《红楼梦》之所以能引起张爱玲的共鸣，是因为在书中她可以想象属于自己的世界，与故事中的人物共同经历悲欢离合。是的，正是这种生理、心理的养料，给予了她太多的文学养分，在今后的创作中起到不可忽视的作用。

　　也许是张爱玲太过感性，对细节的敏感为这个女子打开了广阔视角，小报、杂志、小说、名著都会带给她五彩斑斓般的艺术色彩。在那么多的岁月里，她总是独自翻开一本本书籍，用手抚摸着纸张上的铅字。触手生温的字体仿佛有魔法，牵引着她一直坚持往景致更深的地方而去。

于是，感叹书中万千时代，惋惜自己不能参与其中，成为斑驳历史的见证者。张爱玲带着丝丝幽怨，将脑中快要溢出的感思注入作品中，成就了一本又一本只属于她的经典。

在童年中慢慢成长的张爱玲开始觉得命运是公平的，在感受痛苦的同时，文字抒写才能也日渐成熟。她懂得了接受命运，感受生活，不沉沦，不放弃，就算是在极端黑暗的时候，也能找到通往梦想的光亮。

才华，初露峥嵘

在母亲的帮助下，张爱玲来到了圣玛利亚女校读书。这段时光对张爱玲来说应该是最为快乐而又充满激情的时光，在这里，她对未来规划了一个甜甜的梦想。

在这里，张爱玲可以徜徉于书籍的海洋，因为太过喜爱，她总是细细品读，加入自己的理解，书中的人物就那样复活了，围绕在张爱玲的身边，成为她倾诉交流的好伙伴。光是读别人的作品，远远不能满足张爱玲。文字勾勒的欲望始终存在着，随着年岁的增长，这种欲望也越发深刻。她开始渴望成为那些比大家还要出色的人，写出更为精致且精彩的文字。

如果说，在张爱玲年幼时这种想法就开始萌芽，那么圣玛利亚女校就是一片让萌芽逐渐成长的沃土。小小的嫩芽在这里开始吸收养分和雨露，竭尽全力地向上生长着，那样顽强仿佛要冲破一切阻碍，直指蓝天。

由于圣玛利亚女校是由外国人办的学校，所以格外轻视国文，开国文课像是敷衍，不仅学生懵懵懂懂，就连老师也懒懒的，没有尽到全力。学校将大部分资金都投入外语教学，而国文的软硬件则能省就省。对没有了选择性的学生来说，母语似懂非懂，外语倒是说得极为流利，完全成了洋化的矛盾体。

当这种情况严重到一定程度之后，学校当局终于意识到国文的重要性。身为中国人，国语理所当然应该提高到最重要的位置，即使是在洋人开办的学校也应如此。这对喜爱国文的张爱玲来说，无疑是一个好消息。她的创作启蒙正是受了古文小说的熏陶，当得知学校开始重视国文课的消息时，她开心极了。

学校国文部专门聘请了一位新老师——汪宏声先生。也正是这位新的国文老师，成了张爱玲文学生涯的启蒙老师，其重要性自然不在话下。汪宏声先生着实有才能，对学生很是负责，在任教国文时，他为学校购置了许多书报杂志，逐渐改变了以往国文落后的趋势。

汪先生本身也是一个极有个性的人，旧中国教书先生的套路他是不喜欢的。犹记汪先生上作文课的第一天，只在黑板上写了两个题目，没有任何限制，学生在其中任选其一，敞开想象，扬扬洒洒尽情书写就是了。

这两个题目一个是"学艺叙"，另一个是"幕前人语"。前者写学习技艺的过程和感想，而后者则写电影戏剧评论。

题目一出全班就都沸腾了，不像以前那些八股文似的死板题目，而且教师干预很少，主动权全是在学生这里。包括张爱玲在内的所有学生都感到既新鲜又惊奇，可惊奇新鲜感一过剩下的就是手足无措了。写惯了往日规格下的"八股文"，突然来了个新颖之题，就像是烫手的山芋，既诱人又难掌握。

一堂课下来，交上的每本作文汪先生都细细看过，失望当然是有的，难道国文魅力真的流失得太多了？有的语言不通畅，有的词不达意，甚至还有的废话连篇，不成正文。

就在汪先生失望至极的时候，突然出现的一篇《看云》之文，使先生顿感眼前一亮。这篇文章是写景的，完全超出了老师的命题范围，但细读下来却只觉清新自然、潇洒淋漓、辞藻华美，虽不符合规定要求，但实在不失为一篇极好的写景散文。汪先生仔细看了文章最后的署名：张爱玲。

就是这三个字，如同散发着炫彩之光，直冲冲地闯进了汪宏声的视线。其实才刚开始任课不久，汪宏声自然是认不全全班学生的，幸好还有名册这样一个东西，自发现这篇美文之后，汪先生特意在下次上课之时点了名，当念到"张爱玲"时，他抬头仔细看了看应声的那个女子。

　　原来就是她，这样瘦瘦小小的身躯里竟内含着如此巨大的文学才能。那时的张爱玲很瘦很单薄，头发并不像其他女生那样有着时尚的烫卷，她穿着陈旧的衣衫，看似有点土气，甚至就算是上讲台来拿作文的时候也是神情木然的，好似在一直想着其他的事情，可正是这种心事重重的表现让汪宏声印象深刻。

　　张爱玲的文笔是极好的，不止《看云》这一篇，其后的很多文章都足以在全校发表，张爱玲的文名也因此在学校得到流传。

　　汪先生也特别留意有关于张爱玲的一切，她的家庭，她的性格，她的沉默原因。老师这样热情却不一定换得回学生的激烈回应，张爱玲还是那个张爱玲，有着她自己的世界，不会因为她的文章受到老师和同学的推崇，又或是本人得到老师的关爱而发生改变。

　　时常拖拉，不按时交文稿，上课也总是心不在焉，不是她故意，只是老师所讲大多都是她早已知道的，而在教室最后一排的座位也给予了她一个安全保护，可以躲在角落里营造自己的天地。

　　张爱玲确实是学校里的一颗冉冉升起的星星，汪先生对她也甚为满意，他组织学生成立课外活动社"国光会"，随即出版了小型刊物《国光》，汪宏声最初是想让张爱玲来做编辑的，但哪知张爱玲这般桀骜不驯，只答应投稿，却不想真正"掺和"进来。

　　随后，张爱玲当为《国光》投来了很多精致的文章，像小说《霸王别姬》《牛》，散文《牧羊者素描》《心愿》等，都是堪称一等一的上好作品，而其中的《霸王别姬》更是展现了张爱玲卓越的文学才能。

汪先生对《霸王别姬》这一作品大为赞赏，甚至将其与郭沫若先生的《楚霸王之死》做了比较，这种盛赞对于还是学生的张爱玲来说自然是分量极重的。张爱玲在这部小说中所展现的不仅仅是娴熟的艺术技巧，更多的是自己独有的见解。她将自己擅长的创新意识完全注入小说之中，赋予了虞姬前所未有的性格，这是两千多年来没有人进行过的尝试。

　　《霸王别姬》的体式是类似于三十年代的古装话剧，古式与现代的融合，使得小说独一无二。在张爱玲眼中，虞姬不应该是柔弱不堪的，大抵是受了母亲的影响，虞姬的形象在张爱玲笔下拥有了西式女性的坚强和独立。头脑清醒，对形势也有着最为正确的判断，深爱楚霸王，却不愿完全依附，她为自己做着打算，不能成为那样一个将生死权交付给男人的女子。

　　她是项羽的太阳，是他能够卸下一切伪装和坚强的温暖港湾，是他活下去的重要理由。那么她呢？如若他赢得了渴望的天下，她将怎样？成为宠妃？披上华丽的外装，却束缚在金色的"牢笼"里假装欢笑。

　　可要是年华不再，她老去，他还会是当初那个他吗？拥有了天下，怎会允许心里只装下小小的她，美女成千，她又会被遗忘在哪里？而如果她就这样守着他直到死去，会有多少人真心记得她？记得是这样一个女子曾经陪伴他左右，甚至是最危险的时刻仍然不离不弃？爱情在这时又能剩下多少呢？

　　不，她不愿最终是这样的结局，她要用自己的选择成为这个男人一生难忘的记忆，不管是荣华富贵，还是安平享乐，她只要项羽一人。

楚霸王在异常激烈战斗后，疲惫睡去，但虞姬却没有，她依旧醒着，持着烛台来巡夜，四周的楚歌声在这时显得更加悲伤。这一阵阵的歌声，牵动的不仅仅是所有战士的心，还有虞姬她自己的无奈悲痛，为自己，更为暂时酣睡的项羽。

她回到帐篷内，静静地看着身旁的男子，她希望他能得到所有想要的，她愿他在梦中能够真正实现英雄梦想。可是还没等这美梦停留过久，外面的战号声震耳欲聋，他醒来，要她跟着他进行最后一次拼杀，好似他已看透结局，胜券在握。

她不能成为他的负担，一点儿也不能。项羽何曾想过虞姬的拒绝正是保护他的艰难选择，他让她留在后方，虞姬莞尔一笑，那样倾国倾城，却又那样悲伤痛苦。

她深吸一口气，突然猛地冲向项羽，拔出他腰间常佩的那把刀，只是那么一刺，颈间就流下了一抹红色。项羽着实是被吓坏了，他搂着心爱的女子，只能哭泣，他当然明白她这样做的原因。她只在他耳边最后颤抖着说了一句话："我比较喜欢这样的收梢。"

这个敢爱敢恨，敢做敢为的女子的做法，既是历史遗留的可能性，更是张爱玲个人选择的结果。女性于她，就该是这样勇敢坚毅的形象，能够自己决定自己的命运，甚至是为爱而死。张爱玲也同样用《霸王别姬》证明了自己，这个浑身散发着耀眼才能的女子，好似一颗冉冉升起的明星，即将绽放出耀世的光芒！

绚烂青春里的斑驳可憎

由于在外读书，张爱玲终于可以逃脱那个死气沉沉的家，但经济依然没有独立，回家要钱成了她最为头疼的事。继母的脾气越来越坏，对她和弟弟的脸色也越来越差，特别是提到"钱"这个敏感的话题，翻脸比翻书还快。

张爱玲的衣服总是穿继母剩下的，那件暗红色的棉袍她一辈子都忘不了，丑陋的颜色，像是永远都穿不坏穿不完一样，衣服不再只是衣服，而成了张爱玲剧增的恐惧感、厌恶感的宣泄口，直至发臭长虫。

天真烂漫的年纪本该是打扮爱美的最佳时期，肆意挥霍青春，在人生中留下最好的一笔。可是对张爱玲来说不行，她有的只是常年不换的衣服，如同她的青春，有些许斑驳可憎。

她像是一个弃儿，一个有父母的弃儿，即使是家里并不缺钱，也没办法坦然去伸手要，一旦伸出去，换回的只能是嘲讽和嫌弃。这种憋屈让她一度懊恼，不能自由选择，不能做自己喜欢的事情让她感到无奈且无力。她当然记得向父亲讨要学习钢琴费用的情景，一个瘦弱的女生径直站在父亲面前，看着眼前那个被大烟吞噬得干瘦的男子，神情是那样淡漠冷漠。

难以置信眼前的人就是自己的父亲，是身体里流着相同血液的父亲，时间在此时像是凝固了一般，她就这样低着头，看着鞋上那略微脏了的一小点，父亲的不言语让她更清楚地明白了，原来逃离这个逼死人的牢笼才是能够活下来的唯一出路。

环境最能促使人成长，正如此时的张爱玲，现在她心心念念的只有一样东西，就是钱。后来，她画的一张漫画被登到了美报上，因此获得了五元稿费，这是她第一次赚钱，喜悦自然溢于言表，马上买了一支唇膏来打扮自己。

终究是女孩子，爱美之心是不能被一切磨灭的，一支小小的唇膏竟能让她开心到这种地步，喜悦中多少掺杂着辛酸的泪水，苦得令人生疼。

不得不说，张爱玲遗传了母亲追求时尚、喜好美好的特性，她想要美丽，想要通过自己的努力去追寻美丽，不用靠任何人，不用看别人的眼色过日子。这就是为什么她能过早看透人性的缘由，只能信任自己，努力挣钱养活自己便成为她一生的思想。

母亲的形象或许是模糊的，可张爱玲于陌生中却有着天生的亲切感，毕竟是亲生血缘的关系，即使是许久不见的母亲突然出现在她的面前，她还是激动到流泪。

有太多委屈想要对母亲诉说，太多疼爱想要从母亲那里得到，她羡慕母亲能够出国，能够见到广阔的大世界。可是由于抚养权的归属问题，她不能同母亲在一起，就算是母亲想要带她出国，远离这个是非之地，她还是要经过父亲这一关。张廷重自然是不放人的，无力感让张爱玲积蓄着更多冲破束缚的能量。

记得有一次，张爱玲从母亲的家里回到父亲家来，被继母狠狠地训斥，她没有作声。可是这样不仅没有让满心怒气的继母解恨，反而愈加恼火，张爱玲得到的是一个大力的耳光，她本能地想要打回来，又被用人们拦下，这自然成为继母添油加醋告状的好理由。

听了继母的话后，父亲打她打得更厉害。这个结局她早就料到了，这个从来没有保护过她的男人，如今又怎么会站在女儿这一边？这顿家庭暴力打散了父女之间仅剩的一点儿温存，当张爱玲肿胀着伤口躺在病床上的时候，她的内心是那样煎熬。

于是，张爱玲将心中的愤懑发泄于笔端，她把被父亲暴力与软禁的经历用英文撰写成文字，投发在《大美晚报》上，编辑还为该文章起了一个颇为有趣的名字：*What a life, that a girl's life*！

这是一份美国报纸，通晓英文的张廷重每天都要订阅，当他坐在家中，缓缓打开这份报纸时，目光渐渐起了火。家丑外扬，家丑外扬啊！可是，即使发再大的火也为时晚矣，因为这篇文章发表已久，一九四四年，张爱玲又在《天地》月刊上发表散文《私语》，详细地记录了自己当时的心情，在她的笔下，家——常人眼中温馨的避风港变成了"暂时被监禁的空房"，就连那窗前白色的月光，于张爱玲眼中也蕴藏着"静静的杀机"。

在文章里，张爱玲用平静的语气说道："我也知道我父亲决不能把我弄死，不过关几年，等我放出来的时候已经不是我了。数星期内我已经老了许多年。"父亲的软禁对这个十几岁的少女来说简直就是极刑。那段日子里，张爱玲总是用双手静静攀住阳台上的栏杆，紧紧地，仿佛那木头都可以被攥出水来。

那时候，张爱玲最爱仰头看到蓝天下飞过的飞机，她总是满怀期待地望着天，希望可以在某天醒来看到满天都是飞机，多么希望有个炸弹降临在自己家中，比起这日复一日的"监禁"生活来，她宁愿死，就算是同自己最怨恨的父亲死在一起，她也愿意。

虽然何干一再叮嘱张爱玲："千万不可以走出这扇门哪！出去了就回不来了。"然而张爱玲依旧在脑海中设想各种看似完美的逃跑计划，《三剑客》《基督山恩仇记》中的情景在她脑中上演着精彩的一幕幕，而最令她拍手叫绝的当属《九尾鱼》中的场景，张爱玲此刻也幻想着，可以像书中的人物那样，用被单子结成绳子，然后从窗户里坠楼而下。

可是在张爱玲自家的院子里，没有临街的窗户。即使勉强从花园的矮墙里头翻出去，落脚点却是一个鹅棚！要是深更半夜翻出去踩到了大白鹅，那又该如何是好？然而，理想很丰满，现实却很骨感。就在张爱玲暗自谋划出路的时候，一场突如其来的痢疾差点儿要了她的性命：

"我父亲不替我请医生，也没有药。病了半年，躺在床上看着秋冬的淡青的天，对面的门楼上挑起石灰的鹿角，底下累累两排小石菩萨——也不知道现在是哪一朝、哪一代……朦胧地生在这所房子里，也朦胧地死在这里吗？死了就在园子里埋了。"

写就此文的张爱玲那时已经是上海最红的作家，不知身为人父的张廷重看后心中又会作何感想。也许，是更多的愧疚罢了。

家暴过后，张爱玲便与姑姑和母亲生活在一起了。虽然不幸，但那时的她还是对母亲抱有一些希望的，她几乎是拖着病痛的身体逃到了母亲那里，未来怎样她并不知道，也许到了母亲那里，可以寻求到温暖呢？她太需要一个躲避的港湾了，能够有足够的空间让她慢慢舔舐自己伤口的港湾。

可命运总是跟她开着玩笑，本以为找到温暖巢穴的张爱玲，却在母亲眼中变成了一个性格乖戾、与外界环境极不协调的女孩子，她甚至不会削苹果，不会补袜子，不爱去理发店，不喜欢见到客人。就算是母亲竭力掩饰对女儿的嫌弃，爱玲还是能够感受得到。于是张爱玲极力地适应着，却终究难逃母亲后悔的心念，黄逸梵甚至说出了这样的话："我懊悔从前看护你的伤寒症。我宁愿看你死，也不愿看你活着使自己处处受苦。"

也许正是这段时间养成了日后张爱玲的金钱观。每当母亲看着钱叹息的时候，她知道自己又一次成了拖累。以前拖累了父亲，现在又该轮到了母亲。为何生命如此艰难？

在后来的作品中，张爱玲自称是一个"古怪的女孩"，从小被人看作天才，除了发展那点仅有的天才，似乎没有别的任何生存的目标。然而，当童年的狂热被渐渐洗净褪色的时候，张爱玲悲哀地发现，原来自己除了天才梦一无所有……

纵使三岁就能背诵唐诗，纵使七岁就能写得小说，八岁那年就尝试了乌托邦的小说，但在待人接物方面，她又是那样地愚钝和茫然。同母亲同住的两年，是一个失败的经验，它让张爱玲的思想失去了均衡，给了黄逸梵最沉痛的警告：

生活的艺术，有一部分我不是不能领略。我懂得怎么看
"七月巧云"，听苏格兰兵吹 bagpipe（风笛），享受微风中的藤
椅，吃盐水花生，欣赏雨夜的霓虹灯，从双层公共汽车上伸出
手摘树顶的绿叶。在没有人与人交接的场合，我充满了生命的
欢悦。可是我一天不能克服这种咬啮性的小烦恼，生命是一袭
华美的袍，爬满了虱子。

这是年幼的张爱玲对于生命发出的考问，对于自己不幸的经历
发出的考问，张爱玲是拥有才能的，坎坷的经历更是为这份才能增
添了太多元素。作为一个天才的少女，张爱玲生活上的缺陷是那样
尴尬地存在着，她自己称之为"生活中啮噬的小烦恼"。

这便是张爱玲了，过度地自夸与自卑，也是这短暂地与母亲的
同住，让她对母亲不再"罗曼蒂克般地爱着"了。曾经，那样美丽、
洋派、典雅的母亲，如今也经历着平凡的柴米油盐的生活，也会被
经济拮据所困扰。每当这个时候，"母亲的家亦不复柔和了"。

于是，在张爱玲中学毕业之际，她的母亲想到了一个"公允的
办法"——如果能早早嫁人的话，她就不用再读书，可以尽情地用
学费来装扮自己；如果要读书，她就没有钱来兼顾自己的衣装。"少
奶奶 or 女学生"的选择题摆到了张爱玲面前，她毅然选择了后者。

无论之后等待她的是什么，至少现在张爱玲明白，自己已经失
去了留恋迷惘青春的可能性，唯一能做的，是快速成长，成为自己
期望的女子，洗尽铅华，重新开始。

第三章

风雨如晦：
孑然一身，宛如漂萍

走出旧日阴霾

一个时代，一座城，一个人。

一九三七年，张爱玲以优异的成绩考取了英国伦敦大学，但不久后发生的欧战使学校不能够录取，一番辗转过后，她决定去香港读书，进而再去英国深造。

告别了五光十色的大上海，告别了时尚摩登的女郎、金发碧眼的老外和鳞次栉比的商铺，张爱玲乘坐从上海出发的汽轮，向香港迈进。这次乘船的感受与第一次从天津回沪时是截然相反的，梦被折翼，退而求其次的选择怎么想怎么不顺心。

虽然早就见惯了十里洋场的车水马龙，但张爱玲还是被时为英国殖民地的香港弥漫的大不列颠风情震惊了，站在肤色各异的同学中，她是那样清醒却无助，她还不习惯湮没在人群中平凡无奇。

在外滩上海，张爱玲是有背景、有身份的贵族后代，她的父辈可以让众人对她刮目相看，但到了香港，她是那样卑微。熙熙攘攘的人群中，每个擦肩而过的人都有说不完的故事，她只是一个高而瘦的女孩，她的身上没有耀眼的光芒，只有那双清澈的眸子，浮现着智慧的光芒，诉说着些许不甘与躁动。

在香港大学就读的学生，大部分都是外国人和华侨子女，这里是他们的天堂。偶尔有几个内地来的学生，也是非富即贵。张爱玲只能依靠家里寄来的生活费，缩衣节食地过日子。没钱、没势的张爱玲，只能暂时湮没在人群中。她没有消沉下去，她在默默地积蓄力量，直到这力量能让她一鸣惊人。

在声色犬马的殖民地上，张爱玲没有足够的金钱让自己浓妆艳抹，衣着华丽，她不能通过这个途径来吸引到大家的目光，但是，她的瘦弱身躯中蕴含着一股强大的力量。在脱离了充满禁锢的家庭后，张爱玲觉得整个世界都变得轻松了，她能够自由地追寻自己喜爱的事物，能够自信地追逐自己的生活节奏。

衣着朴素的张爱玲，总是捧着书本徘徊在校园里，她的眼睛里绽放着聪慧的光芒。在港大的花园里，时常会看到张爱玲静坐着的身影，任由周围的情侣在她身旁嬉戏，她沉浸在书本的世界里，如饥似渴地吸收着新鲜的知识。这种知识的汲取令她感到兴奋，她似乎看到了一条可以让她成为焦点人物的途径。

光阴如水，无声无息，半年多的生活让张爱玲渐渐地适应了港大的生活，她在略显窘迫的环境里找到了属于自己的闲适节奏。她开始喜爱上这种生活，静静的、淡淡的、不追逐、不放纵，甚至可以听到光阴从手中溜走的声音……

阳光明媚的上午，张爱玲喜欢和几个女同学一起去逛街。她们肆意地笑着、闹着，竭力展现着花样的青春。阳光照耀下的她们，是那样地明媚动人，宛如迎着太阳绽放的花蕾。

在街上逛累的女孩子们，喜欢到一家名为"青岛咖啡馆"的店子里闲坐。正午的时光让人昏昏欲睡，张爱玲坐在临近街边的位置上，慵懒地调弄着手中的咖啡。

街上的人们行色匆匆，人影穿梭间让张爱玲仿佛看到了上海的影子，那里的租界也是这般景色。所不同的是，上海是吴侬软语夹杂的洋泾浜英语，而此刻，窗户外面尽是金发碧眼的外国人。淡淡的乡愁，配合着咖啡的苦涩，让张爱玲在正午慵懒的时光里，无法安心地蜷缩在舒适的沙发上。那杯浓郁而深邃的咖啡，恰似她此刻的心情。

时光流淌在咖啡馆狭小的空间里，浓郁的咖啡香气弥漫在每一个角落里。年轻的岁月就是畅快，张爱玲可以坐在咖啡馆的角落里待上整整一个下午，有时和同学们有说有笑地聊天，欢声笑语充满了狭小的咖啡馆，有时什么也不做，只是静静地待在座位上，看着窗外熙熙攘攘的人群，抑或是观察咖啡馆里的客人，注视着他们的一举一动。

一个恬静的女孩子，静静地坐在位置上调弄着咖啡，她的眼神时而专注，时而迷离，没有人知道她在想些什么，安静的她与周围浮躁的客人格格不入。或许与同学们在一起的她才是活泼开朗的，才是讨人喜欢的。

当张爱玲和同学们坐在一起时，她们喜欢在点上几杯咖啡的同时，又要几块这里特有的点心。咖啡的浓郁苦涩，被香甜可口的点心中和了，昏昏欲睡的下午因为香甜和苦涩而变得兴奋。

张爱玲和几个同学饶有兴致地探讨着风物人情、奇人异事，这一切都让原本无聊的午后变得生机勃勃。遥远的上海仿佛更加远离张爱玲，阴暗大宅里家人们的身影，也在欢声笑语中变得模糊且远逝了。

张爱玲从小被压抑的个性在港大期间得到了解放，她如断了线的风筝般恣意晃荡。和同学们一起做疯狂的事情，看自己喜欢的书籍，任着性子打扮自己，这一切都没人能够约束她了。这也许就是张爱玲小时候一直幻想的生活，幼年的张爱玲渴望鸟儿般的自由自在，如今，她终于成了脱离樊笼的鸟儿。

但这是真正的自由吗？张爱玲没有思考过这个问题，她虽然满意现在这样自由无拘无束的生活，但对上海家人的挂念却总是不时地浮现在她心里。她将这些思念化作信纸上一个个饱含深情的字符，她在信上倾诉着自己对家人的挂念，倾诉着她在港大这边的苦与乐。

昏黄的台灯照映着蜡黄的信纸，信纸上布满张爱玲娟秀的字迹，它们凝结了张爱玲心底的回声，她将最真挚的话语写给了她最亲近的姑姑。

青春期的少年总是期望着无拘无束的生活，他们认为远离了家庭拘束的生活才是真正的自由。张爱玲也是这样想的，但在她度过了初到陌生环境的新鲜劲后，便开始感到生活的艰辛与不易。

家里每月寄来的生活费，只够她精打细算地生活，能够用在穿着打扮上的钱更是少之又少。青春的少女都是爱美爱打扮的，看着身边花枝招展的同学，衣着朴素的张爱玲也渴望能够稍稍地修饰下自己。

张爱玲越来越迫切地想要改变自己"窘迫"的环境，从小就衣食无忧的她要为自己的面子和尊严去奋斗、去争取。在香港这座大城市里，充满了获取金钱的机会，只要你有能力，就可以享受到锦衣玉食、高楼阔宅的生活，如果你没有能力，就只能衣衫褴褛。

不久后，一个机会就出现在了张爱玲的面前。当她漫无目的地徘徊在港大的校园里时，无意间看到了宣传展板上的征稿启事。这是一家杂志登的有奖征文，一等奖有足足五百元。张爱玲看到如此丰厚的奖金后，不禁动起了心思。五百元对于她是一笔不小的数目，如果她的作文能够获奖，那这笔巨款能够让张爱玲窘迫的现状得到很大的改观。

想到这些美好的愿景，张爱玲立刻炮制了一篇作文寄到了杂志社。不久后，张爱玲果然接到了杂志社的获奖通知，这个消息传遍了她身边的每一个角落，每个知道消息的人都用崇拜的眼神看着她，说着羡慕她的话，这一切让张爱玲自己也有些飘飘然。

但在杂志社正式公布获奖名单时，张爱玲并没有得到第一名，因为大一学生的身份，她只获得了很小的奖项。这让满怀信心的张爱玲备受打击，以后她不再对此类事情感兴趣。

虽然没有获得大奖，但这次经历还是证明了张爱玲的写作才能和聪明才智。张爱玲其实并不是才思敏捷的人，况且港大开设的课程她也并非全都细化，但生活就是这样，有时候逼一逼，总会有惊喜。写作大赛之后，张爱玲专攻学业，努力去争取奖学金，这次她

"真的发奋用功了"，聪明如她总能够揣摩到教授出的题目和喜欢的答题方式，然后对症下药，在每次的考试中取得第一名的好成绩。

《小团圆》中的九利说，一位教授教龄十几年，从未给过比九利更高的分数。我们都知道，九利便是爱玲了。心中有方向，脚下的路才走得坚实。为了能去英国留学，爱玲夜以继日地刻苦读书。

香港，这个拥有世界上最为艳丽风情的殖民地，在张爱玲一个外来者眼中看来，通通化作一种刺激的、不协调的色彩。

同是天涯沦落人

闷热的仲夏夜，让张爱玲躺在床上许久，却无法安然入睡。人们总喜欢在此刻胡思乱想，却越是胡思乱想，越是无法安眠。此刻，张爱玲就处在这样的状态下，她被闷热的天气困扰得无法安眠，纵使喝干了壶里所有的凉开水，这闷热的感觉也未得到丝毫缓解。罢了罢了，索性不再挣扎，就这样胡思乱想吧。

细数起来，张爱玲来香港也有一年的时间了。对于她来说，这是一段漫长的时间，独自一人在异乡求学，她经历着属于自己的兴奋、折磨和阵痛。由于同学们之间的生活背景大相径庭，所以平日里她生活的圈子也不算很大。

张爱玲常常梦到自己在上海的故宅，几个熟悉的脸庞总在梦境中出现，她用过的碗筷，读到的书籍，都触手可及，但又无法企及。几乎每次都是哭醒的，偷偷擦拭掉眼角的泪水，把自己无尽的孤独埋藏在心底，其中的苦楚，冷暖自知，张爱玲也从未对旁人提及过。她不想将自己心头的柔软展示给别人，那是她的痛楚，她怕自己真诚的倾诉会换来嗤之以鼻，或是虚假的同情。所以，她宁可让自己一直痛下去。

　　漫漫的夏夜在煎熬着张爱玲，她被脑子里的各种念头折磨着，她在床上翻来覆去，不停地折磨自己，等到折腾累了，才会慢慢入睡。第二天醒来，她的眼圈是红通通的，她的枕巾是湿漉漉的。

　　这样折腾了几周，张爱玲明显消瘦下去了。她自己也意识到了问题的严重性，不能再这样放任自己了，她要敞开自己的心扉。她仔细观察着周围的每一个同学，观察他们的行为举止、待人接物，她要找到一个可以成为她知心朋友的人。

　　她的同学里有很多华侨，他们来自各个国家，不同的文化背景让他们有了不同的思考方式。张爱玲虽然平常与她们玩耍得很开心，但却无法彼此敞开心扉。

　　知己的相遇总是充满坎坷的，在张爱玲快绝望时，炎樱出现了，她仿佛是炎炎夏日的一汪清泉，冽冽寒冬的一簇火把，彻底将张爱玲从忧郁孤单中拯救出来。

　　炎樱本是锡兰人，名叫莫娅，炎樱是张爱玲给她取的中文名字，这个可爱的名字再适合她不过了。炎樱个子不高，略微有些胖，但五官长得精致，讨人喜爱。她是个为人直爽幽默的姑娘，又爱和人交流，就算有人调侃她的身材，她也只是笑着调侃回去，从不和人生气。张爱玲自打和炎樱接触过后，就感受到了知己般的温馨，她可以不再小心自己的措辞是否恰当，玩笑是否过火。

炎樱从不介意张爱玲说了什么，她总是微笑地倾听着张爱玲的诉说，在恰当的时机幽默一下，令本是难过的张爱玲捧腹大笑。炎樱的幽默令张爱玲的生活充满了趣味，她仿佛一阵和煦的春风，吹走了张爱玲心中沉积已久的阴霾。张爱玲喜欢炎樱的俏皮话，甚至专门将她的俏皮话收集整理成册，命名为"炎樱语录"。

平日里在乏味的生活中，炎樱总能找到合适的调侃对象。有一次，炎樱、张爱玲和另一位女伴一起去散步，三个人静静地走着，彼此之间并没有说话，走着走着，那位女伴突然说道："这就是我的脾气，我喜欢孤独。"炎樱听后没有任何迟疑，马上加了句："孤独地同一个男子在一起。"这时，本在低头沉思的张爱玲一下子就忍俊不禁起来，那位女同学也笑岔了气。

张爱玲和炎樱在一起的时候，总喜欢在一旁静静地看着她。期待着好友一幕接一幕的"演出"。有时笑岔了气，还要去捶打炎樱。炎樱也乐此不疲，她幽默的举动，总是能使张爱玲阴郁低沉的心情变得轻松快乐起来。

有一次，两个人一同去报亭买杂志，碰巧那期杂志脱销，她们便没有买到。张爱玲打算拉炎樱沿原路返回，炎樱却被报亭的其他杂志吸引了，不愿离开，张爱玲只好在那里陪着她。

起初，店主还热心地招待着她们，但炎樱只看不买的态度让店主甚为不满。炎樱一本一本看着，几乎翻遍了报亭所有的杂志，才拉起张爱玲往外走。这时，店主带着讽刺的态度说："谢谢你的光临！"炎樱不仅没有感到不好意思，还恭敬地向店主回了一句："您不必客气！"

走出报亭后，张爱玲和炎樱都捧腹大笑，她们一边调侃着店主气急败坏的表情，一边跳着笑着回到了公寓。

炎樱就是张爱玲生活中的阳光，没了这缕阳光，张爱玲就无法乐观地去面对生活。她曾说："我是孤独惯了的，以前在大学里的时候，同学们常会说他们听不懂我在说些什么，但我不在乎。"

炎樱的出现，使张爱玲不再是踽踽而行的孤身一人，她的欢声笑语，也不仅仅是张爱玲生活中的点缀和调剂，她已成为张爱玲生活中必不可少的一部分。张爱玲无法想象如果生活中没有了炎樱的灵动，那又将会抽去她多少生活的勇气和动力。

平日里的炎樱虽然是个人见人爱的开心果，但真实的性格脾气也许只有张爱玲才清楚。炎樱其实没有表面上看起来那么开朗、直爽。她和张爱玲一样，都是容易小气的女孩子。她也会因为很小的事情而记恨别人，挖苦别人，也会在意和人们交流时的措辞与举止，生怕惹恼了别人。但只有她们俩在一起时，就不会顾及对方的感受了，她们可以尽情地嘲笑对方，然后逗得自己狂笑不止。两个女孩在彼此面前摘掉了虚伪的面具，用真心去和对方交流，这也许就是所谓的知己吧。

张爱玲是那么地依赖着炎樱，她甚至没法想象，如果没有了炎樱的陪伴，她的生活将如何进行。但是那年夏天，她最担心的事情还是发生了。炎樱的家由香港搬到了上海，因为有很多事务需要处理，需要亲自回上海一趟，只好留张爱玲孤身一人在香港。

炎樱走后，张爱玲的生活便失去了往日的欢声笑语。也许，这便是知己了，在一起时亲密无间，不在一起便淡淡想念。张爱玲的生活又重新回到了没有炎樱时的日子，在云淡风轻的天气里，她总是会无比怀念那个女孩调皮的笑容、疯癫的话语。这使得本来不那么思念家乡的张爱玲，又重拾了对家的思念。

纵使天翻地覆，生活还是要继续的。幸福的生活就如奢侈品般，很多人只能仰望而不能拥有。有些人即使能够拥有，也只是短暂的，不能永远地占有它。

张爱玲便看透了这点，在数日的徘徊不振后，她终于走出了屋子，重新审视着她周围的一切，她要找到生活的乐趣，让她可以安心地等待炎樱回来。

港大的生活并没有像张爱玲想象的那般无趣，只是以前的张爱玲没有对周围的事物投入过耐心。就在炎樱走后不久，她们的宿舍楼里搬来了一群来此地消夏的女孩子，整天叽叽喳喳地闹个不停，楼道里到处都是她们的身影。

有时，她们还会涌到张爱玲的宿舍门口，充满好奇地向里面东张西望。这些无忧无虑的女孩子，给张爱玲低沉的心情带来了些许慰藉，她也开始主动和这些女孩子们交流，了解她们的生活和心事。

宿舍里还有几个和张爱玲一样没有回家的同学，同病相连的她们总是聚到一起，聊着一些不着边际的话题。一个来自马来西亚的女孩子，长得眉清目秀，身材又丰满诱人，她总是提防着男人，生怕他们对自己有非分之想。另一位来自马来的女同学则要开放得多，她喜欢一边唱着马来当地的曲子，一边为大家跳各式各样的舞蹈。她的歌声悠扬动人，张爱玲也沉醉在优美的歌声中。恍惚间，她似乎看到了炎樱在那儿跳舞，如往常一样，一边扭转着丰满的身体，一边唱着动人的歌曲。

　　同学们之间的狂欢不过是一群人的寂寞，这些无家可归的孩子们都有各自的心事，她们的欢声笑语掩盖不了内心的愁苦。张爱玲也是一样，她白日里和同学们嬉戏玩耍，夜晚却躺在床上无法安眠，她在床上辗转反侧，她渴望炎樱能够早日回到自己身边，重新点亮她的生活。

一个人，一座城

　　孤单会让时间被无限拉长，短短几十天也会有恍如隔世的感觉。时空不会发生变化，内心的煎熬才会使时间显得那么漫长。就如欢乐的时光总是那么匆匆，转眼间就只剩下回忆。

　　张爱玲在学校孤单守候了几十天，终于等来了从上海归来的炎樱。炎樱似乎没有以前那么丰满了，她的脸颊消瘦了些，身形苗条了些，但她见到张爱玲时湿润的眼角，证明对张爱玲的情感没有因为时空的隔断而疏远。

　　炎樱没有两手空空地回到香港，她带了各种能够携带的特产，吃的、喝的还有用的，装满了两只大皮箱。炎樱带的特产铺满了张爱玲的床铺，还在不停地说没带多少东西，有很多东西没有装下。张爱玲有些激动地看着消瘦的炎樱，她的"阳光"终于回来了。

　　她们又重新回到了以前的生活节奏，上课、做作业、逛街、喝咖啡、看电影……她们再也不分开了。

　　有时候，张爱玲觉得她们俩似乎是一个人，张爱玲是安静的那一面，而炎樱就是躁动的那一面，除了外表的差异，她们的内心和思想是那么相像，几乎是从一个模子里刻出来的，但她们的外在又有着如此大的反差，如冰与火般无法相提并论。

　　在张爱玲看来，炎樱不只是一个幽默的开心果，她还是一个运用语言的大师，平凡的事物经过她的渲染，也会变得熠熠生辉，就像张爱玲枯燥的求学生涯，因为炎樱的存在而变得趣味盎然。

　　在平常的生活中，炎樱也总是能冒出充满诗意的言语，当二人散步在鸟语花香的花园时，炎樱会指着翩翩飞舞的蝴蝶说，"每一个蝴蝶都是从前的一朵花的鬼魂，回来寻找它自己……"在夜空中繁星绚烂的时刻，炎樱的生花妙嘴又要开动了，她是这样形容星星和月亮的："月亮叫喊着，叫出生命的喜悦；一颗小星星是她羞涩的回声。"

　　如此诗意的炎樱，在生活中却常常让张爱玲瞠目结舌。当她们一起吃茶或买物什时，炎樱总会刻意地抹掉很多零头，店家不同意，她就软磨硬泡，直到店家松口答应才罢休。

　　一次，张爱玲和炎樱去一家犹太人经营的商店购物，炎樱又故技重施，在结账时央求老板抹去零头。犹太老板怎肯轻易松口，他们可是一毛不拔的铁公鸡，就是亲娘来了也不会还价。

炎樱看老板态度坚定，将自己的钱包翻了个底朝天，把全部的零钱都掏了出来，她说就剩这二十几块钱了，还是要去吃茶的，实在没法多给了。她本是不想买这东西，是看鞋子极为漂亮，才忍不住买下它。犹太老板见炎樱几乎声泪俱下，也不禁松了口，抹去了商品的零头。

看着高兴得边蹦边跳的炎樱，张爱玲是打心底佩服这位"人才"。炎樱身上展现的特质，正是张爱玲所欠缺的。就如还价这件事来说，张爱玲宁死也不会像炎樱那般不顾脸面地去讨价还价，别人一句无心的恶语都会让她脸红耳赤，她的面皮太薄了。

正是因为两人如此互补的性格，才会使两人能够融洽相处，她们都能看到对方身上的闪光点，并不失时机地夸奖对方。只有能够相互吸引的两个人，性格互补的两个人，才能让一段友谊跨越时间、物质和世事变迁。这也是多年以后，两人还亲密如初的原因。

当张爱玲和炎樱对对方的一切都了如指掌的时候，她们之间不存在任何秘密了。张爱玲的一切故事都要对炎樱倾诉，炎樱的大事小情也要找张爱玲做个决断。张爱玲觉得炎樱喜欢倾听她的心声，并且能给予她恰如其分的劝导。而张爱玲心思缜密，能够帮炎樱分析一些事情，炎樱也愿意听取张爱玲的意见。

有了炎樱，张爱玲才有勇气和气力去走遍香港，去看新鲜的事物，去玩刺激的游戏。张爱玲若是独自一人，是不敢去成衣店闲逛的。她害怕热情地上来搭讪的售货员，她只想一个人安静地欣赏华丽的新衣。若是有炎樱的陪同，她就能安静地打量着每一件新衣，并在心底算计着它们的搭配。因为，炎樱会与售货员亲切地交谈下去，言谈甚欢的售货员，早已顾不上搭理一旁四处打量的张爱玲。

一次，炎樱被她父亲的一位朋友邀请去看电影。父亲的朋友请一位女孩儿单独看电影，本来就是一件不太妥当的事情。张爱玲劝炎樱不要去赴约，婉转地拒绝掉邀请就是了。但炎樱说正是因此，才请张爱玲陪她一同去，这位请看电影的先生的确是父亲的老朋友，听闻炎樱来到香港，一定要亲自见见她。张爱玲没法拒绝，便陪着炎樱一同去赴约。

见面的地点是一家有些破旧的电影院，两人刚到门口，就有一位中年人迎了上来，他身着略微泛黄的白西服，头发很乱，整个人都显得不太精神。看样子他就是炎樱父亲的老朋友，炎樱把张爱玲介绍给他之后，他窘迫地从口袋里掏出了两张发皱的电影票，嘴里嘟囔着："哦，你们进去吧。"

炎樱忙拦住他："先生不用走，我们再买张就是了。"那人不顾炎樱的阻拦，将手里的袋子交给炎樱后就匆匆离开了。

张爱玲对发生的一切都显得很茫然，炎樱也没有多解释，领着张爱玲就往影院里走。找定位置坐下，两人才发现袋子里装的是油油的面包，纸袋都已被面包的油浸透了。她们坐的位置十分靠后，屏幕又小，看得不是很清楚，连声音也听得有些模糊。两人忍耐了好久后，相视一笑，携手从漆黑的影院里走了出来。

后来，张爱玲才知道那个人匆匆离去是因为没钱再买票了。炎樱还告诉了她关于这个男人的一个故事。而这个故事成了张爱玲后来的小说《连环套》的雏形。

在香港待了近两年的张爱玲，早已脱离了刚来时稚嫩的模样，她不再是那个沉浸在郎才女貌故事中不能自拔的懵懂少女了，她已开始洞察世间百态和人性丑与恶。

在之前张爱玲唯一参加过的有奖征文比赛中，她写了一篇《我的天才梦》的作品，这篇文章类似于张爱玲的一部小自传。在文章中，张爱玲用老练的文笔倾诉着自己的心声，冷静地剖析着她所经历的事情，她犀利的眼光早已看穿了世事背后的丑恶，而这一切都能分毫不差地展现在优美的文字中，这不禁令观者感到折服。

这篇自传性质的文章，使一个天才女子张爱玲的形象跃然纸上，人们能够看到张爱玲的聪慧、早熟、自恋和怪癖，还能看到后来叱咤文坛大作家的雏形。而这一切，都孕育在香港这座有着复杂文化的地方。

香港，资本社会的发达程度远高于内地，在这里，金钱高于一切，亲情、爱情、友情都笼罩在金钱的光环里。因此，在这个不大的小岛上，张爱玲见识了比上海更多的人情冷暖和钩心斗角，人性的残忍和冷酷让她心寒，她只有紧紧地裹藏起自己的内心世界，才能远离危险。只有和炎樱在一起时，她才能无拘无束地说和笑。

生命是一袭华丽的袍，上面爬满了虱子。当张爱玲看透了人情冷暖和世事无常，她也就看透了这座城市，她不再对香港有任何憧憬。她知道，她的生命不属于这座城市，这只是她暂时的居所，总有一天她终将离开这里。

蛮荒如无际

战争是摧毁一切的利器，轻易将生死变得没有了距离，正如昨日还依稀可见的笑脸也可能在今天就消失不见，爱恨情仇、家长里短都被迫放到这样一个大背景之下，能活下来便成了最终的目的。

一九四一年十二月，太平洋战争爆发了。十二月十八日，日本军队在香港岛登陆。一场无情的战争降临了。

此时的张爱玲尚且沉浸在美好的未来之梦中，和同学们幻想着以后会嫁给怎样美好的男子，组建幸福的家庭，做着自己喜欢的文学创作事业……一切的一切也终究在炮火的巨响中被惊醒、被震碎。

虽然张爱玲她们还只是学生，可以尽力做到两耳不闻窗外事，但是战争却是真实存在的，在她们身边，哭喊声、炮弹声，没有办法回避，还是会被烙上印记，在这个她们无法理解的野蛮世界里看到自己的渺小和脆弱，感受到生命的珍贵和对未来更加急切的渴盼。

战争刚刚到来的时候，恐惧感还未曾占满张爱玲的内心。她只是和身旁人一样有了种莫名的刺激和紧张感，死亡这个话题看来还是离她们太远。花季的女子到了战争之时还有着不切实际的想法，比起战况，张爱玲的一些同学更关心的是穿着。

平日里宴会也好，集会也罢，穿着的都是红艳的、美丽的衣裳，现在大抵是不行的，好不容易找了件素色灰底的棉袍也只能暂且一用了，为的是不引起天上飞的空军的太多注意力。后来，她还发现有些女生竟剪了男式短发，原来潜意识的保护意识到底还是存在的。

当然也有例外，战时也还有喜欢将自己打扮得漂漂亮亮的女子——苏雷伽，一个从马来西亚小镇来的"西施"，皮肤棕黑，大眼睛和白牙。她把衣服看得很重要，就算是到了战争特殊时刻，也还要穿着鲜艳的衣服，甚至认为尸体也还是需要穿衣的，为此招来了不少的笑话。

可到了监舍要她们下山避难时，苏雷伽也没有忘记将自己喜爱的漂亮衣服好好整理起来，尽管大包小包的很是累赘，但她依旧坚持这么做，衣服已经是她自己生命的一部分，谁也不能剥夺。后来，她去了红十字会，在那个地方也没有忘记穿上好的衣服，就凭此也同男护士们混得很好，自己也是充满了自信的。

对于张爱玲来说，她应该是和大部分的同学一样，对战争是选择性的理解，能不接受的就尽量不去了解。依然过着像往常一样的日子，虽然时不时还是会被突然降临的炮弹声响惊吓住，可大部分时间还是往日的作风。

这一点在炎樱身上最为明显，想那时在日本的轰炸中，她还一个人冒死去城里看了电影画片，回来又独自上楼洗澡，流弹将玻璃窗打碎，炎樱仍然淡定地洗着澡、唱着歌，直至监舍听到声响才发怒地把她赶下来。战争的残酷在处于战时之人的身上产生了最强烈的讽刺性，仿佛预示着这场战争的可笑和最终结局。

对大多数人来说，香港只是一个繁华的沙漠，可爱是可爱，但总透着一股陌生疏远的味道。这时的香港还处在英国的统治之中，像张爱玲这样的学生，她们眼中的香港抗战说到底就是英国的抗战，虽然抱怨着，却没办法真正让它停下来。

战争还未来得及影响到学生，香港大学倒是早早就停了课，学生们避免了大考，可是这对于张爱玲来说却不是一件值得开心的事情。她一心指望着大考能帮助她离开这里，出国去往自己心心念着的学校继续深造，面对着港大学生的欢天喜地，她着实是笑不出来的。

学校接着停止了办公，除了参加"守城"工作，张爱玲想不出任何一条出路可以让她这种异乡的学生有个待的地方。于是，她和一大批同学一起来到了防空部报了名，成了临时看护。办完证件一出来就遇上了空袭，跑哇跑哇，跑向门洞，里面缩满了人。张爱玲向外望，只能瞧见孤单单的电车，再回头看看四周的人，个个都是惊恐万分，眼眸中没有丝毫的生气，竟全是一股荒凉感。

要和这些陌生人共同死在这里吗？她感觉非常难受，心里堵得很不是滋味。身后有人大吼着让他们蹲在地上，可地上全是人哪里可以蹲下？一个踉跄，磕在另一个人的背上，最后到底还是蹲下来了。

不一会儿，天上的飞机就往下扑，"砰"的一声巨响炮弹炸裂，张爱玲眼前黑了好一会儿才意识到自己没有死，飞机继续投掷，只是渐渐远了。

在"守城"的十多天里，张爱玲深切地感知到了很多辛酸，吃不饱，睡不着，没有油，没有燃料，没有方法生火做熟的食物吃。接连两天，她都是饿着肚子的，脑袋空得发晕。既然闲来无事，又没办法找到吃的，只有自己找点事做，转移注意力。

于是，张爱玲直接驻扎在冯平山上的图书馆里，找些七零八落的小说打发时间，将以前读过的《官场现形记》《醒世姻缘传》等翻出来，反复读很多遍，一面担心着炮弹会使她读不完，一面书本字体又小得可怜，加上光线不足，这样的刻苦日子确实难熬，但幸得文学陪伴，她也不觉有多大的痛苦了。

果然生死只是刹那间的事情，港大历史教授弗朗士上周还在随志愿兵操练，大声对她们说到自己要去"练武功"了，满脸掩不住的是兴奋之意，可谁都没想到这"练武功"竟送了命。

这是最真切发生在张爱玲身边的事，她很吃惊，终于明白战争确实是残酷的，不仅能剥夺生命，留给生者的痛苦更是永久的，难以愈合的。

她恨死了战争，恨死了人与人之间的冷漠和残杀。教授是最不在乎名利的，生前想尽办法让学生得到知识，自己则过得很辛酸，那么艰难地活着，死时却异常容易，一枪，一弹，一条生命，所有的一切转眼间就消失不见。

死去的人没有了念想，活着的人却是怕极了，好似非得抓住什么实实在在的东西才能感觉得到自己是活着的，所以结婚的人很多，在防空洞里面，有好多人走到了一起，像是生怕错过了这个时当，下一秒也许就见不到了。

保不齐炸弹来了，如若送了命，黄泉路上也是有个陪伴的。想要做什么就得马上去做，这是所有香港人，也包括张爱玲自己在这次战争中得到的教训，不要等最危急的时候再去想还有很多遗憾，生命太过脆弱，世事难料，不好好把握这一秒，可能就会错过太多，甚至是生命的巨大转折点。

十八天后，仗总算是打完了，香港却彻底沦陷了，但人们可以暂时安稳下来，相安无事才是最值得庆幸的事情。女学生们就又像是重新活过来了一样，满街肆意飞奔，买好吃的，穿好看的，一切的一切像是失而复得，因此更为珍惜。要不了多久，这个城市便会重新焕发生机。

张爱玲和很多同学一起在战后还是做着医院看护的工作，生死见多了也就不觉得可怕了。只是她没有足够的耐心，对病人之死没有太大的感情触动，也只有炎樱有着极大的同情心，自愿为死去的病人理发、整理仪容。

每个学生大多都是这样无所事事，每天剩下的也只有"吃"和"男女"两件事。"吃"似乎成了战后整个香港人的唯一共同热心之事，哪里有好吃的自然少不了成群结队的人，旧式的过时了，就自己研发新品种，不管怎样就要每天都吃到最美味的食物。而"男女"之事就只限青年人，经历了战争，胆大直率的行为也不再被视为有伤风化的了，只要爱就是敢于大声说出来的。

在这动乱的时期中，张爱玲在香港大学的三年生活即将结束，因为香港的沦陷，她不得不重新回到上海。张爱玲总是盼望着早日回到家乡，可当真正坐上回乡之船的时候，她又惆怅了，满脑中想着的都是那些熟悉的人，监舍、教授、炎樱、同学，病人，各式各样的，都是她在香港生活里的见证。也就在船随波摇晃时，这些人连同回忆好似又变得异常陌生起来。

这就是香港，带给了张爱玲独一无二的感触、陌生而熟悉感的香港。

第四章

梦的初始：
怒放的青春

于岁月中久别重逢

一九四二年，张爱玲终于回到了阔别三年的上海。当她双脚踏到上海土地的那一刻，久别重逢的熟悉感便油然而生。

她不喜欢漂流，越是缺爱的性格，越是渴望稳定，大抵女孩子都是如此，一面嚷着走出去，一面又在辗转后思念故土。上海的世俗、文化以及语言都是张爱玲熟悉的，单凭这点，都能让她有种强烈的归属感，加之在香港留学的经历，更让她明白故土的温暖。

那林立的高楼大厦，那闪烁的霓虹灯，那川流不息的人群，都让她深深怀念。拥有着东方大都市的名号，上海以它自身卓越的发展向世人展示着耀眼的光彩。

到底是回来了，面对岁月中久别重逢的上海，张爱玲是无法用简单的三言两语就能说出心中情感的。她对久违了的上海人第一印象就是白胖，在香港待久了，看惯了黝黑瘦小的人，突然间看到如此丰腴的上海人，好似袋装乳粉广告上的模特，张爱玲自然是欢喜的。

在之后的作品《第一炉香》中她有过很生动的形容："曾经有人下过这样的考语：如果湘粤一带深目削颊的美人是糖醋排骨，上海女人就是粉蒸肉。"这种感官上的直接印象，让张爱玲又爱上这片土地更多一点。

第二印象要数上海文化的通达了。香港的文化大概是杂糅，一半中文夹杂着一半英文，这"倒中不英"的组合着实让人感到别扭，还有其他各式文化，东南亚的、日本的、欧美的，在碰撞中糅合，在糅合中碰撞。

上海是不一样的，到底是上海人，阳湖派文化给这座城市增添了另一种婉约之美。上海的文学更是带着极深的文化底蕴以及灵秀的艺术风格，加上上海人的知书达理，人情练达，即使略显圆滑，却也相得益彰，交往起来很是和谐，比起香港中西交流不畅的局面，上海流畅得多了。

上海在那时，是传统中国人加上近代生活磨炼的结合体，这种新旧文化的产物也许是畸形的，但是其中必然有着一种奇异的智慧和独特的文化背景。

不过公正地说，香港也有它独特的魅力，毕竟在那里待了三年，张爱玲对它还是有感情的，一双善于发现美的眼睛自然是能够捕捉到大背景下香港独有的魅力。例如，穿衣这一点，也许是受着中西碰撞文化的影响，那里的人有着极为开放的心态，表现在女孩子身上更为显著，她们穿衣，大抵不是按着常规路子来的，打扮随心随欲，既可以是现代的，也可以是传统的。

满街花花绿绿的，让人眼前一亮，这种自由自在的感觉，张爱玲就很是喜欢。同时她自己也发现了很多穿衣的乐趣，好像已经将衣服当作生活的色彩、个性的流露以及美的追求。

张爱玲不仅笔下生花，更是心灵手巧，做起衣服改造的活来也毫不费功夫。她的衣服多是自己设计的，必然别出心裁，根据心情，根据其他饰品的搭配，就能把原有的衣服改成适合的款式、色彩、搭配，对美的敏感让张爱玲能够在异土上找到乐趣，也能寻到些许的归属感。她就是要把生命装扮得如同衣服一样绚烂多彩。

生命虽然华美，但是不如意总还是有的。尽管初到上海她很是开心，但她的时尚风格还是引来了质疑的目光。回上海那天，弟弟张子静来接她，看到姐姐身上穿着的竟是一件非常奇特的衣服：大红色底子的旗袍，上面印着或蓝或白的大花，两边是没有纽扣的，直接可以从头上套进去，乍看之下像极了外国女子的连衣裙样式，但细细看后又发现仍旧保留了中国传统服饰的精髓。

张子静诧异得嘴巴张得很大，姐姐领口上俏皮的结子和衣服只到膝盖的长度，他都是第一次见识。他吃惊地询问姐姐这身衣服是哪里得来的。张爱玲宛然一笑，戏谑弟弟大惊小怪。不仅是亲人，外人见到她也是极为惊讶的。有一次参加婚礼，张爱玲以一套前清老样子绣花的袄裤前去道喜，这可惊坏了在场的所有来宾，弟弟张子静见此情景更是感叹道："上海人全跟我一样少见多怪。"

对于张爱玲来说，在香港除了感到思乡以外，还留有一个最大的遗憾，那就是三年苦读却功亏一篑。由于战乱的因素，在香港三年的成绩也就付诸东流了，即使她每门功课都是优秀，但战火烧毁掉了所有的文件记录，同时也毁了她的前程。张爱玲没有完成学业，因为国文不及格，也就没能出国，没能去到自己向往的学校，她最终被安排到补习班里了。

想来着实有点可笑，张爱玲竟然国文不及格，这是任何人都没有想到的事情。在老师为她打抱不平的时候，张爱玲自己倒是坦然接受，认为这是个机遇，能够重整旗鼓，再次拾起久违了的五彩笔，扬扬洒洒书写自己所创的故事，施展着已经是极为扎实的文学才能。

最初的时候，张爱玲并不急于写小说，更不是为补习所谓的国文课而做文章，她只写自己想写的，一直都是如此。天性自由，在最擅长的文学领域更不能亏待了自己，这是对她本人负责，也同样是对所有读者负责。

她选择了用英文写自己感兴趣的服饰，评写自己看过的电影。看似是简单的工作，实际很考文笔。这大抵是她最感兴趣的两项消遣之事了，最终写成自然是投到外国人办的刊物上，能够得到一笔丰厚的稿酬，便可以养活自己，给姑姑减轻负担，可谓两全其美。

张爱玲对此就曾明说过："用别人的钱，即使是父母的遗产，也不如自己赚的钱来得自由自在，良心上非常痛快。"在香港读书的三年里，张爱玲早已练就了一手漂亮地道的英文，当她回到上海同姑姑说起英文时，这位曾经出国留洋的姑姑也大为赞叹，夸奖她"真本事，无论什么英文书，她能拿起来就看，即使是一本物理或化学"。

英文的熟练掌握，写起英文式文章来自然是信手拈来。当时，张爱玲用英文给上海的一家英文月刊《二十世纪》写稿，这个刊物是一个德国人开办的，主编也是个曾获柏林大学博士学位的有才之人，一九四一年十月时由美国经日本来到上海，便决定在这里创办《二十世纪》。

《二十世纪》的主要受众是外国人，主要内容则是介绍东方文化和世界形势。大概是着眼点很高，很多上海本地的作家不敢轻易尝试，一来英语基础确实不够；二来对于时事以及东方文化了解不深。张爱玲则不同，英语水平不用说，自小练就的扎实文学功底也凸显优势，对文化、形势的关注必然是不可缺少的。当主编看到张爱玲寄来的第一篇文章后就被震惊了，立刻决定签约这位作家，他哪知道这个震惊他的人竟是一个身材瘦削、长相美好的东方女子。

张爱玲寄给主编的文章《中国人的生活与服饰》，近万字的文章还配有精美的图画，紧扣东方生活及文化介绍的主题，注入了自己喜欢的服饰成分，一件衣服背后必然有着深厚的生活文化底蕴。

张爱玲有着洞察一切的双眼，她不仅只是喜爱一件衣服的美感，更是偏爱隐藏在衣服后面的五彩生活和丰富文化，她将这些内容用流利清新的英文写出来。主编当然大加赞赏，赞誉"张爱玲小姐是极有前途的青年天才"。自此，她成了几乎每期都会出现的撰稿人。

张爱玲出身在旧时官宦之家，怎会不了解旧服饰的特点，加之又生活在新时代里，这种新旧交融的复杂感她是最能把控的。她的文字同时有着富贵之气和潮流新意，研究的细腻程度让很多专业人士都自叹不如，从颜色、款式、点缀品到时代与服饰的变迁，无不涉及。

　　她所写的不仅仅是一种美，也带着时代和文化赋予的特殊感受，有了厚度，有了质感，衣服变得不再只是日常生活的装饰品，更多的是一个民族、一种文化、一种生活、一种精神的代表。

　　张爱玲将底蕴深厚的文笔付诸在日常之物上，使之重新散发出五彩光芒，这就是她给予久别重逢的上海的最好礼物！

更　衣　记

　　《神仙鬼怪》是张爱玲在《二十世纪》发表的最后一篇文章，此后她的英文写作便暂时告一段落，一直到她一九五二年离开中国大陆。

　　如果将张爱玲在这段期间创作的洋文作品集中起来的话，便会发现她所有作品中一个共同的主题——中国人。她喜欢谈论中国人，喜欢用新颖的方式来剖析她的父老乡亲。

　　例如，在《洋人看京戏及其他》中，虽然说的是以洋人的角度，但实际上还是以介绍中国传统京戏艺术为主，再从京戏说到中国人生活的拥挤特点，因此最终落脚点还是在批判中国人因缺少私生活而带来的毛病。

　　如在《借银灯》里，张爱玲就声称她写电影下力最多的还是评论中国人，看的不是电影而是电影里的中国人。带着这种写作目标，她笔下的英文作品带点美感，又贴合实际，正是洋人全方位了解中国的最佳途径。

大体上讲，张爱玲走的风格路线有点像林语堂，轻松却饶有风趣，营造这种氛围为的还是将中国文化传播出去。正值第二次世界大战战况最为激烈的年头，这场战争改变了世界的格局，而中国这个原被欺辱的国家也能忽然间成为反轴心国的成员，代表着正义的力量，连同盟友国一起为世界和平努力，大有点同仇敌忾、共赴胜利的气象。基于这种现实情况，英、美等国对于中国的关注度也逐渐浓厚起来。

那时，有林语堂在美国标榜中国哲学，有萧乾在英国报道中国战况和乡间百姓苦难生活，有赛珍珠在国外传播《大地》之书，国内外作家用他们的共同努力力图还原真相，让世人重新认识中国人，认识这个伟大民族的不屈和奋发向上。

可对于上海租界来说，它保留了自己的特殊性，不必随着国内外的统一大气候，这份特殊正好给予了张爱玲能以一种在别处不被允许的从容态度来真实评价中国人。她笔下的国人形象是脱离大时代背景的，没有太多的褒扬歌颂，求的就是个真，所以大多是批评针砭这样的内容也是毋庸置疑的。

其中有一篇《更衣记》，完完全全体现了张爱玲这时的创作心态，笔下勾勒的国民形象生动、贴切。虽说题为更衣，实际上写的则是穿衣变化下中国人的改变、生活、心理。

她在文章中写道，中国的男子虽然生活上比女子悠闲太多，但却在服饰上局限过多。单凭这点，张爱玲就很是庆幸自己是个女子，天生有穿红戴绿的权利。中国在清朝近三百年的统治之下，女子基本丧失了追求时尚的可能。衣服是统一款型的，颜色不能过于鲜艳，着装也是有严格规定的，不同的身份地位也就决定了不同的服饰搭配。在那个时候，细眼瞧瞧街上走着的人的打扮大概就能够揣测出对方的身份地位了。

到了康熙、乾隆时代直至清朝后期，女子在着装上基本变得一成不变，身着长衫长裤，浑身透着一股端庄严肃之气，自身姣好的身线也就随之隐藏在宽长的衣服之中了。上身的袄子领口很低，往往外面还会套一件大袄，在中袄里面还有件小袄，这件小袄便是到了床上也不脱下的，颜色自然是桃红或是水红，暗暗透着一股娇艳和妩媚。

大抵是不敢坏了规矩的，就算压抑不住爱美之心，也只能在没外人看见时候，露出最里面的衣服。这样虽然各件袄子上都有金边刺绣，但是女人本身的特殊感早已不存在了。

古时候女人出门时的裤子大多都是黑色的，红色及相近颜色也只能是在过节或有喜事的时候才能看见。对于女人走起路来裙摆的摇摆程度也有着很严格的规定：有好家教的大家闺秀都是莲步姗姗，百褶裙也只是随着走动微微左右摇摆。

对于喜娘来说，这种规定就最为严苛。红裙裙腰垂下一条条飘带，带端却系着铃铛，走动起来不可发出很大的声响，要是响，也只能是一点点隐约的叮当声，像极了挂在窗前随着微风轻轻摇摆的风铃。

到了清末革命时代，一直持续到民国时期，女子服饰都有了很大程度上的改变。首先就是衣服上的点缀品开始减少，其次就是袄子由宽松逐渐转为窄小，到最后已经很贴近身上打底的背心了。说到这个背心可谓是精妙绝伦的设计，外面衣服就算再紧，里面也有个打底的，就不怕太过露肉了，但是同时身体的曲线还得到了一定的展示，不再是过去那种宽大得已经分不出是男是女的格调了。最外面的长袄子长度绵延至膝盖，下面两条窄窄的裤管，乍看之下，是能给人心生可怜之意的，这份可怜并不是同情，而是在忽觉可爱之余有了想要保护的欲望，当然这保护自然是指男性了。

衣服的改变背后必然是思想意识的成熟化。到了民国之时，中国人，特别是百姓阶层的国人开始有了理想上的大步提升，抛弃了原有的愚昧和守旧，有了人权、自由、平等的先进思想意识。

带着这种新思想，国民开始在服饰上进行改进，出现了空前的天真，轻松愉悦之风。"喇叭管袖"露出了一大截纤纤玉手；短袄的腰部显得极为窄小；到膝的丝袜若隐若现，透着白白的腿部，衣服领口有了各式各样的样式和色彩……比起平常人家女子，那些交际花或是摩登女郎更是戴着时尚的平光眼镜，好生吸引眼球。

时代下的张爱玲，本身对美就有着不同常人的赏析能力，穿着一直是大胆前卫的。但是在大胆之余，对色彩和样式又有着极为细腻的挑剔。那些衣服，无论是新式的，还是传统的，她都能根据自己的喜好设计出另外一个独特美丽的款式。

就连现如今还流行的"撞色系"，都是张爱玲在那时的心头偏爱。要的就是这种对比，这种夸张，这种艳丽！众多布料中，她还是最喜欢日本的花布，每次买回家总要细细瞧上很长时间，瞧的过程中就已经在脑中有了大概的设计图像了。剩下的当然是自己动手改造了，她是极为不信任外面的裁缝匠的，自己的理念别人就算悟性再高也是不能完完全全把握的，所以还是自己来。红的像热带之花，绿的如同初夏之荷，黄的像深秋之叶，白的如同寒冬之雪，各有各的美感，各有各的魅力。

这些感悟张爱玲统统都写进了《更衣记》之中，在记载时装变幻的过程中，也同时见证了时代的变迁，国民意识的改变。在她眼里，衣服不仅仅是装饰，更是一种语言，叙说着不同的人、不同的感情、不同的经历。

寻常之人可能无法体会这一点，过着的是普通的生活，想着的也只是家长里短，就算服饰发生了转变，大抵也是"跟风"所为，突然看见大街小巷有了不同的衣服样式，慢慢地穿的人开始多起来，自己可是不能落后的，跟着"潮流"就应该是时尚的人了。

比起这些常人的思想，张爱玲则有着高瞻远瞩的眼光和思想，可能本来就对服饰有着独特正确的鉴赏力，那么就不存在"跟风"一说，她所看到的是大时代背后的变迁，是宏观的，而不仅仅限于服饰这个狭窄的视角。

即使是用英语书写着家园之事，张爱玲心心念着的还是身边的父老乡亲、兄弟姐妹。语言于她，就只是一种形式、一个工具罢了，取代不了任何她对于这片土地的深爱。她会一直写下去，用自己美妙的文字诉说中国这条巨龙的成长与辉煌！

拥抱光影和流年

从香港回到上海的张爱玲还是没有自己的家，一直是和姑姑住在一起的，父亲那个家肯定是不能回去了，想着那段噩梦般黑暗的日子，张爱玲心口都会发紧发疼；而母亲呢，随着新交的男友去了新加坡，终究还是抛下了她。张爱玲只剩下姑姑了，两人就那样相依为命地生活着。

经历过苦痛、乱世、战争的人，不再弱不禁风，但大多也是得过且过的态度，张爱玲虽然没有真正意义上的家，但有姑姑，就足够了，在姑姑家里，她开始有了天长地久般的感觉。

姑姑是个有着幽默感的人，在文学上也有很高的天赋，与这样的人在一起生活，也确实给了张爱玲很大的抚慰。每当有着难过的事，她就想着还是有姑姑在的，一些话语、一个笑话就足以化解一切苦闷伤痛，一旦有了创作的念头，第一个倾诉的对象必然也是姑姑。这个相依为命的亲人给予她的不仅是简单的庇护，还是心灵上的连接与共融。

姑姑以前做播报员的工作，每天播报新闻、社会评论，念个半小时就可以拿很高的工资。对此姑姑经常戏谑地说："我每天说半个钟头没意思的话，可以拿好几万元的薪水；我一天到晚对你说着有意思的话，却拿不到一个钱。"

足以可见，在钱的态度上，姑姑与张爱玲是相似的，她们都没有张爱玲母亲那样的自认清高，还是对钱有着执着的追求，只是追求过程中不免有着与爱好的偏差，做着本不是感兴趣的事情，稍许无奈也是自然的。

张爱玲很喜欢姑姑，说她说话有点像周作人的风格。姑姑是不懂这些的，她虽然在文学上有着很高的天赋，但是对文人不太感冒，对于张爱玲这样的评价她不明所以，甚至以为是不好的说法，所以总会极力撇清。

张爱玲很喜欢和姑姑生活在一起，像是自己家一般，甚至是比在自己的家里都要轻松自在。说一件好玩的事，张爱玲就会和她一同笑起来，前俯后仰，丝毫没有辈分的拘谨在里面。谈话间就像老朋友，什么都能聊，什么也都能聊得开。张爱玲娇嗔地抱怨姑姑，说是跟她在一起人都变得唠唠叨叨的了，谈笑间是浓浓的亲情。

可即使是这样亲密的关系，无论是与姑姑，还是和好友炎樱、苏青她们，张爱玲在钱财上都分得很开，算得很清楚。这是她坚守的原则，大概是很早就自食其力了，明白其中的酸楚和辛苦，所以无论是借进还是借出，她都是感到不舒服的，竭尽全力想早日把财务问题解决。她也老是笑称自己是个彻彻底底的俗人。

在这个温暖的家里，窗外的大时代暂且被遗忘在脑后，纷纷扰扰对于张爱玲来说都是可以忽略的，活在自己的文学世界中，有着姑姑和密友的陪伴，就是很享受的生活了。

只是不知道为什么，她时常会梦回香港，想着在香港的那一段时光。可是她对香港是无爱的呀，没有归属感，不喜欢那里的人和文化生活，在香港时就老是想回来，可真正回来了，却还是魂牵梦绕般地忆起香港的每一处、每个人、每件事。

刚回上海的两年里，张爱玲无法抹去脑海中对于香港的印象，住宅里房间的漏水管，让人提心吊胆的飞机炸弹，都是她每次发梦的构成部分。在梦中，她回到了港大，那是一个深夜，下着大雨，她很狼狈，没有做任何准备，拎着大大小小的箱子上山，不敢惊扰住宿管理的僧尼，只得在漆黑的门洞里过夜。狂风冷雨拍打着她的全身，很疼也很冷，正在快坚持不住的时候，监舍出来迎着一位施主太太，大抵是有新的女生要来读书，张爱玲也正是趁这阵慌乱中钻进了门中，径自上了楼，去寻找自己的房间。

梦到这里时她醒了过来，发现自己泪流满面。她自己也不知道自己为什么哭，告诉了姑姑，告诉了身边所有朋友，却还是没有办法释怀，梦总是依旧，带给醒着的人无限的悲凉感。张爱玲没办法压抑住这样的强烈感情，快要不能自已，所以只能在文字中进行宣泄。

在这样感情的驱使下，张爱玲创作了一系列的"香港传奇"小说，其中包括《沉香屑·第一炉香》《沉香屑·第二炉香》《茉莉香片》《心境》《琉璃瓦》《封锁》《倾城之恋》七篇作品，她所书写的是只属于一个上海人到香港的感受，这种经历任何人都没有办法突破，因为他们没有这样的身份限定，没有在异国生活中的所思所感。

所以，她的这些小说是只写给上海人看的，文字间的婉约浅唱只有静下心来才能清楚体会，她相信也只有上海人才能够读懂她，读懂这些饱含感情的真情小说。

张爱玲告别了陪伴她很久的《二十世纪》，告别了她所写所感的英语刊物，毕竟这对于很多中国人来说都是一知半解的，他们没办法引进太深入的作品，也没有办法与外文世界进行沟通交流，张爱玲知道这些都太狭窄，她偏离自己家乡，偏离自己国人太久了，她要回来，要回到温暖的上海中来。

这是她的家，也是让她经历万千、洗尽铅华后能够栖息的避难所。张爱玲要褪却一切繁杂，只留下真实和平凡，在真实中抒发真感情、真性情、真感受，让上海同胞们都看看，自己家的女子能够如此出类拔萃，让人拍手称赞。

从一九四三年开始，在醉人的上海滩上，在那个死气沉沉的文学氛围中，张爱玲的小说就像是清新之莲一般出落得这般姹紫嫣红。

这年春，张爱玲自己来到了一所洋房前，叩响了主人家的大门，正是这一叩，也叩开了她崭新道路的绚烂大门。

这家洋房的主人正是鸳鸯蝴蝶派中的老作家——周瘦鹃，在闲适看书之时，小女儿匆匆跑来，告知有位姓张的女子来访。周瘦鹃才知晓原来是张爱玲前来，想探讨一下小说创作方面的事情。

周瘦鹃下楼就看到穿着半臂旗袍的美丽女子，那便是张爱玲了。两人相谈甚欢，很有种英雄所见略同之感，周瘦鹃也就是在这样的机缘巧合下开始了解张爱玲——她的身世，她的经历。

当晚，周瘦鹃就捧着张爱玲的小说，一字不漏地读了起来，只要一拿起，就很难放下了，一口气读完了所有，方知时间已经悄然而逝了。周先生不是没有见过大场面，什么样的作家他没有接触过？只是张爱玲这样的还真是头一回，像是爱情故事也大抵被张恨水、张资平等人写烂了，毫无新意，可到张爱玲手上，却能变着法儿地有了新意，竟然还有眼眶微湿的效果。

待张爱玲问起周先生读后之感时，周瘦鹃真实地将所有想法告诉了她，张爱玲听来很是受益。当周瘦鹃问起能否将这些作品发表在他的刊物《紫罗兰》里时，张爱玲自然是一口应允了。于是，她就又有了周氏夫妇这样的文学挚友，这对她日后的创作来说，影响力也是超乎想象的，他们之间的交往也随之密切起来。

就这样，张爱玲以她的"香港系列"小说重新走上了文坛，周瘦鹃对于张爱玲来说就是慧眼识千里马的伯乐，即使这些作品首次发表在《紫罗兰》这样品位欠佳的刊物里，她还是开心极了。金子在哪里都能发光，属于张爱玲的辉煌时代该来的总是会来的。她就像是一朵罂粟花，在二十世纪四十年代的特殊时代中，开出了最不一样的美丽和苍凉。

倾城泪，琉璃脆

一九四二年到一九四三年，才华横溢、卓尔不群的张爱玲用七部小说成就了一段传奇。她真真切切只有二十出头，哪里来的丰富生活阅历，但却能把作品写得细致精美、扣人心弦。这是文学史上的一个奇迹，独独只有张爱玲能创造的奇迹。

一九四三年夏，爱玲手握着七部小说迟迟未能发表，她是踌躇的、担忧的，毕竟这次是全新的开始，如果受欢迎那自然是极好的，可如果不受喜爱怎么办？张爱玲在文学世界里一贯是自信甚至有点清高的，但这回还是免不了地担心。一时没有找到发表的出路，只是寄出了《琉璃瓦》和《茉莉香片》两部小说试试运气，剩余的终究还是握在手里。

也正是在张爱玲一筹莫展的同时，作家柯灵受任编撰商业性杂志《万象》月刊，他上任后极力找寻一批高质量作家为杂志写稿，一来提高整个月刊的文学质量，二来也能凭借很多知名作家来提升杂志名气。只是一时找不到，柯灵只能在其他杂志中看看，偶然间惊奇地发现《紫罗兰》里有一篇精美的文章，他一贯是不看《紫罗兰》这种杂志的，大抵是嫌弃书刊品位，但现在他好庆幸自己还是翻阅了这本杂志，不然怎会发现《沉香屑·第一炉香》这样优秀文章的作者呢！到底要不要联系这个张爱玲，柯灵还没有做决定，总不能从周瘦鹃手里直接"抢人"吧。正在他无计可施的时候，张爱玲却奇迹般地出现在了他的眼前。

张爱玲从没让任何人失望过，连同她自己，万事都会做到最好，在创作中自然更是这样。既然自己找上了柯灵，就得拿出点真本领，第一个便是《心经》，文章中照例配上了她自己所绘的插图，柯灵很是喜出望外，当即就捧着书读了起来。张爱玲不愧是张爱玲，一篇《心经》足以征服所有人，柯灵让这篇小说发表在了《万象》第二、第三两期，随后就是《琉璃瓦》。

《心经》大概是张爱玲小说中最特殊的一篇，涉及的不再只是男女间纷纷扰扰的爱恨情仇，她加入了家庭伦理这个大框架，读来感到悲凉之余，还能发人深省。

全篇文章借用了弗洛伊德精神分析法中关于恋父情结的理论，挖掘出了很多真实存在却没有人敢于揭露和分析的社会型问题。文中主人公小寒，人本清纯美丽，性格开朗活泼，也着实吸引了很多男孩子的目光，龚海立便是其中之一。

这么多追求者自然不乏优秀的，可小寒一个都不喜欢。不是自认清高，而是心中早已心有所属。她的父亲——许峰仪，从小就占据了小寒心中所有的位置，两人之间的畸恋自以为掩饰得很好，却不知许太太都看在眼里，只是聪明如她，又怎会轻易说出口。

完整家庭的观念在许太太这里是根深蒂固的，传统旧思想的迫害性在她身上体现得最为显著，宁愿自己装聋作哑，受伤吃亏，也要保全这个家，保全自己、丈夫和孩子。正是母亲的这种视而不见让小寒天真地以为自己是最大赢家，骗过了身边人，赢得了父亲，父亲只能是她许小寒一个人的，谁也不能分享。

这种想法一直是她坚守的，如同信念一般，只是再强大的信念也可能在一夜之间倒塌。小寒二十岁生日那天，许峰仪见到了她的同学段绫卿，这一见却改变了三个人的命运。

好友米兰一次不经意间的提及，让小寒得知陪段绫卿看电影的那个男人正是自己的"恋人"父亲。她气急败坏，甚至有了被人背叛的感觉，她最初是有理智的，知道只有让母亲出面，这件事才可以体面地解决，没想到母亲竟然听之任之，不打算掺和其中。

小寒没辙，最后找父亲当面对峙，却换来父亲的强硬态度，说他爱绫卿，也会和绫卿在一起。这一沉重的打击让许小寒失了分寸，她狂躁、发怒，像个怨妇一般，仇恨母亲的软弱，憎恶父亲的背叛，鄙视绫卿的无耻，完完全全把自己设定为一个受害者。

如若不是为了父亲，不是为了维持这份来之不易的感情，她不可能承受这么多。潜意识里对父亲的极度依赖和喜欢让小寒接受不了，她决定最后一搏，去段绫卿家中找她母亲摊牌，幸而许太太及时赶到，阻拦了一场更大祸端的发生。

故事的最后许太太突然强大了起来，她才应当是最大受害者，只是她能隐忍，懂得护女儿周全，她要送小寒去外地，她坚信一切都会好起来，只是不知这份坚信到底是她自己安慰自己，还是无路可走的无奈之选。

"女人要崇拜才快乐，男人要被崇拜才快乐"（《苏青张爱玲对谈录》）。为着这样的感情，张爱玲也许才在日后选择了比她足足大了十五岁的男子为挚爱，为爱盲目崇拜的傻女子，看来不仅仅只存在于她的小说中。

《琉璃瓦》写的是姚先生一家，姚太太多产，且生下的都是女孩，亲戚们也因此开着玩笑，唤他太太为"瓦窑"，姚先生也不生气，只是微微一笑地说："我们的瓦，是美丽的瓦，不能和寻常的瓦一概而论。我们的是琉璃瓦。"

坐吃山空的姚先生，财产很快便要用尽，只得打起了自家女儿的主意，想着把她们都嫁给有钱人，自己也能跟着过富贵生活。姚先生确实有着七个如花似玉的"琉璃瓦",理应说是很有福气的了,只是享受这样福气的前提是七个"琉璃瓦"都得乖乖听话才是。

大女儿铮铮本是有自己想法的,可见了父亲安排的相亲对象,再加上父母在旁一味地"怂恿",她最终还是答应嫁给印刷所大股东熊致章的独生儿子,这可把姚先生乐坏了,终究是一件大事有了着落。

婚后的铮铮为了证明自己的真心,完完全全同娘家断了关系。姚先生用三万元的嫁妆只换得了"富嫁大女"的一个空头名,怕是只有当年铮铮出嫁时姚先生在报纸上刊登了诗句,才能够满足他的一点念想。

有了大女儿这么一档子事,姚先生又把期望转向二女儿和三女儿。二女儿却不似大姐一般容易动摇,她跟着父亲去厂里工作,没看上父亲中意的"女婿人选",倒是单单把心思往一个地位低工资少的王俊业身上扑,姚先生几经阻拦也没能破坏,最终只得由着她去。

三女心心,看似温柔懂事、完全只听父母话的孩子,谁知却在阴差阳错之下喜欢上了另外一个程姓男子,而不是姚先生精挑细选的陈良栋。

一来二去,女儿们的婚事全都不如意,姚先生终究是病倒了,只是后面还有那么多女儿的婚事等着他去操心,那深藏在心底的小算盘始终是没有着落。他想,他是活不长了,闷心之事会跟着他一齐进到坟包里,躲也躲不掉。

这就是家的伦理,姚先生一心想要借着女儿高攀,却没有真真正正为女儿、为家人着想过。他处处利用女儿,却最终还是被女儿拖累了。正如二女儿所说："玩玩不打紧，我不该挑错了玩伴，若是我陪上司玩，那又是一说了。我若是发达了，你们做皇亲国戚；我若是把事情弄糟了，那是我自甘下流，败坏了你的清白家风。你骂我，比谁都骂在心头！你道我摸不清楚你弯弯扭扭的心肠。"

人世间一切没有真心的爱都是虚假的，都是最终要走向灭亡的，这也是张爱玲想告诉所有读者的心里话。

第五章

桃之夭夭：
一切都在温暖着

伟 大 的 单 纯

"苏青姐，苏青姐！"这大抵是张爱玲对苏青最为直接的记忆了。就那么突然有了惺惺相惜的感觉，不再是寂寞的，开始有人了解，有人能够畅谈，甚至在文学创作这个特有领域也能交谈甚欢，这好似知己，却又未达知己，苏青于张爱玲来说就是这种感觉："苏青与我，不是像一般人所想的那样密切的朋友，我们其实很少见面。也不是像有些人可以想象到的，互相敌视着。同行相妒，似乎是不可避免的，何况都是女人——所有的女人都是同行。可是我想这里有点特殊情形……"

一九四三年十月，上海另一个走红的女作家苏青创办《天地》月刊。苏青，本名冯和仪，浙江人，比张爱玲年长几岁，婚姻是由家里包办的，婚后与丈夫和婆家关系一直不好。苦闷之余开始尝试写作，后出版成名之作《结婚十年》。

苏青人长得很漂亮，性格直率，有时甚为泼辣，看不惯丈夫水性杨花的性情，最终离婚，带着两个孩子艰难为生。看透人情冷暖，却始终有着桀骜不驯的个性，与汪伪高级官员关系甚密，后被传言与陈公博有染。

抛开这些题外之语，就《天地》月刊本身来说，却是极为成功的，受到苏青本人感染，月刊办得红红火火，也是机缘巧合，张爱玲结识了苏青，两人都是才女，自然互相吸引，成为了好友。

当时《天地》正是起步阶段，急需一批作家，尤其是女作家。苏青写信给张爱玲索要文稿，一来就以"叨在同性"的话套近乎，张爱玲那时的名气已经很大了，要稿之人理所当然很多，苏青大概是没有十足把握的，所以只能打"同性"牌。没想到张爱玲很是吃这一套，读信之时就笑得合不拢嘴，想来是听说过苏青这人，也可能看过《天地》的些许文章，所以二话不说便应下了邀稿之事。

张爱玲自身性格有点冷傲，受了幼时父母亲的影响，或许早就对真感情失去了渴望，所以结识苏青时，受到的震撼自然不小。苏青这人，豪爽大方，直率泼辣，心中想什么就会说什么，丝毫没有其他掩饰和做作。

她的经历竟比张爱玲还要曲折，却要强得很，女性应有的弱点在苏青身上完全找不到，即便偶尔有哭泣的时候，也不卑不亢，完完全全吸引了张爱玲。她们的性格，一个像冰，一个似火，就那样融合了。

除了有名的《封锁》一文以外，张爱玲的许多散文，如《公寓生活记趣》《谈女人》《童言无忌》《私语》《造人》《我看苏青》……

都发表在苏青的《天地》月刊上。

这里倒像极了张爱玲的"天地"，不仅如此，她还经常为其他的文章配插图，曾有一期的《天地》封面图就是她所做。苏青把张爱玲看作自己的台柱，而张爱玲也将《天地》视为自家人办的刊物，两人相互支持。所有女人似乎都是同行，嫉妒之心不可避免，但是张爱玲和苏青却没有一丝同行相妒文人相轻的习气。她们的友情应当是非常纯洁真挚的，张爱玲尽管名气比苏青高出很多，但后者仍然能够全力为张爱玲的文章做宣传，而前者也竭尽全力地写好文章，发表在《天地》之上。伟大的友谊使两人共同谱写了一段文坛佳话。

"至于私交，如果说她同我不过是业务上的关系，她敷衍我，为了拉稿子，我敷衍她，为了要稿费，那也许是较近事实的，可是我总觉得，也不能说一点儿感情也没有。我想我是喜欢她过于她喜欢我……"

谁喜欢谁多一点儿这无法确定，但张爱玲着实是有点崇拜苏青的，甚至到了略微依赖的程度。苏青因为离婚后成了职业妇女，可毕竟还拖着小孩过日子，艰难程度可想而知。也正是这个原因，她能够对职业妇女感触得更多、更深："职业妇女工作辛苦是一端，精神上也很痛苦。职业妇女除天天出去办公外，还得兼做抱小孩、洗尿巾、生煤球炉子等家庭工作，不像男人搬出去工作了，家里事务都可以交给妻子，因此，职业妇女太辛苦了。再者，社会人士对于职业妇女又决不会因为她是女人而加以原谅。"

话语间透露着很多无奈，无人能够感同身受。虽然是个编辑、文人，但苏青是食人间烟火的，甚至太食人间烟火了，她在用笔尖勾勒绚烂世界的同时，还出没于嘈杂的菜市，像一般妇女一样和商贩讨价还价，也经常在夜晚被孩子吵闹的哭声惊醒。

苏青是特别的，她当然高傲，否则怎能站在极高处俯瞰世俗百态，但讽刺的是，她却也是这世俗中的一员，好在苏青足够坚强，超乎女人局限的坚强，不靠任何人，竟就那样托起了全家。对此，张爱玲的崇拜之情从来没有加以掩饰，她佩服苏青，因为自己没法做到，不然当年在家受到侮辱之时就能反抗，她没有，只是默默忍受了。

这么多年过去，当她看到一个女子真实地做着自己，活得有滋有味，张爱玲心中不可能不被触动。苏青理应成为张爱玲的榜样，苦痛人人都会碰到，可应对苦痛的态度她在苏青这里学到得最多。

每个人都有爱人以及被爱的权利，张爱玲过早成熟，心中对爱是恐惧的。没有人教会她什么是爱，在她的印象中，爱情就是父母那样，充满了争吵和羁绊，所谓的温暖快乐都是虚假的。

这种心态使得她一直以来就拒绝被爱，在作品中虽然倾泻感情的喧哗，但始终作为一个旁观者，进不去也不愿意进去。所有人眼中的她都是孤冷如霜，可又有多少人能真正明白这样的女子内心掩盖不住的孤寂和渴望。因为害怕爱，所以当爱无可避免地来到时却很容易陷进去，拔不出来。

张爱玲对于胡兰成便是这样。

苏青是先于张爱玲认识胡兰成的，她清楚明白这个男子的本性，拈花惹草，却能用好文采掩盖。她知道"危险"是胡兰成携带的形容词，所以她不太愿意张爱玲与他接触过密。出于保护也好，出于嫉妒也罢，苏青总是尝试着将张爱玲留在安全的地带，甚至直接告知胡兰成，张爱玲太过单纯，这样的女子动不得。可是她终究是低估了缘分的力量。

一次次伫立回望，是否就能唤回爱情，是否就能让真心遇到真诚？大抵女人在爱情中都是傻子，即使受伤都要勇往向前，始终相信用真爱就能确保永久。

这些苏青都看在眼里，经历过一次婚姻，她更能够认识男人，认识爱情，张爱玲则不同，没有经历过，自然会奋不顾身去沉沦。所以，当面对一个她很是欣赏的女子径直走向男人设下的"陷阱"时，她悔恨、嫉妒，却还是担心。苏青很少在张爱玲感情的事上作过多评价，因为她知道张爱玲是无错的，她只是轻易爱上了爱情。

所有的爱恨情仇，在大时代背景下都显得那么微不足道，沦陷的"孤岛"给张爱玲和苏青带来的是对未来更为深刻的思考。爱情给予苏青打击的同时却也让她更清醒，她不是懦弱的女子，从来都不是，没有爱情她还有自己，尽管而后很多人都尝试着要她留下来，留在这个包含太多回忆的地方，可是高傲如霜的她又怎能满怀伤痛地苟延残喘？

苏青选择重新开始，她也有能力重新开始，人间百态总是时过境迁，世界之大，何处不能给予一个心怀梦想的人以安慰？而对于张爱玲，同样坚强执着，她相信能够保留最美好的自己。

现实总是残酷，世间冷暖不会因为两个如此努力的女子而更改，几十年后，最终张爱玲并没有在美国得到她想要的重新开始；苏青也没有能够继续她的坚持。或许她们就只属于那样一个风雨飘摇的时代，只能是那两个身着华美旗袍继续着她们伟大而单纯友谊的美好女子。

雪 山 之 巅

张爱玲一边不停地在《万象》《天地》上发表着小说和散文，一边又急切地把自己的一篇篇作品抛给其他杂志社。她竭尽全力向读者描绘着一个又一个五彩斑斓的世界。速度快得让所有人都不明白她是怎样做到的，只是在惊愕之余还是会不由自主地沉浸在张爱玲作品的世界中。

她很开心，明白自己正在创造一个奇迹，就是这般急切仍然觉得不够："出名要趁早哇！来得太晚的话，快乐也不那么痛快。"出名的确是要趁早的，张爱玲奋力地追赶着名誉之流，要想成为佼佼者，就得付出比别人多出数倍的努力。

塑造传奇之人必然自身就是传奇，张爱玲用自己的事例向人们证实女性也可以独立，也可以成就不朽。这时的她已经走在时代的前端，她开创着时代，塑造着一个又一个为人们所惊叹的角色。当读者在这些角色身上流连忘返时，她早已悄悄退出人们的视线，在盛誉面前学会了沉寂，不受打扰，独自享受成功的那份独特喜悦。

盛名之下当然会有很多杂志社闻名而来，其中更有影响力的一家名为《杂志》的刊物也同样盯上了她，再次成为张爱玲挥洒激情、展现才能的天地。太多想说的话，太多想勾勒的故事，《茉莉香片》就是张爱玲花费心思的诚意之作。

作品一出，《杂志》月刊社像是发现了珍宝，更加卖力地拉拢她的文稿，张爱玲也好似很对胃口，寄去的作品也开始逐渐增加，《到底是上海人》《倾城之恋》《洋人看京戏及其他》《金锁记》《花雕》《红玫瑰与白玫瑰》……个个都是无人能及的好故事，在她清新的文字中，好戏正在上演。

张爱玲不懂政治，也不屑理会那一套复杂的问题，所以她会刻意避开这些话题，只是家长里短就足以挖掘千姿百态的人性真实。故事中的刻画细腻到每一句话，甚至是每一个字都是独一无二不可取代的，它们像是有魔力一般述说着一个个家庭与人的悲剧。

张爱玲喜欢在作品中投射真实，儿时的记忆太过深刻，不自觉就会影响到创作中来。《茉莉香片》中的男主角聂传庆，大抵就是由她的弟弟演变而来的，聂传庆的性格，其父母、其家庭都能找到张爱玲自身的影子。她借着弟弟的投射创作出了这样一个悲伤的故事，无疑是一种沉默的控诉，她自然是心疼弟弟的，却也为自己没有能力保护他而无奈伤心。张爱玲想要借由这个故事向旧家庭、父亲、继母发出深埋于心的愤恨和批判。

"我给您沏的这一壶茉莉香片，也许是太苦了一点。我将要说给您听的一段香港传奇，恐怕也是一样得苦——香港是一个华美的但是悲哀的城。"这是张爱玲在《茉莉香片》中写下的句子，小说主人公聂传庆是个二十上下的男子，眉梢嘴角却又有点老态。窄窄的肩膀、细长的脖子，怎么看都像是没发育完全的孩子。蒙古型的鹅蛋脸，淡眉毛，吊梢眼，很有几分女性美。

他的相貌完全是遗传着母亲长成的，但生母却在他四岁的时候就死去了。父亲随后娶了后母，两人除了抽大烟就没正事可做，性情粗暴，对聂传庆时常大打出手，传庆的耳朵便是父亲给打聋的。在这样的环境中，传庆的性格自然是阴郁、懦弱、沉默的，不仅在家里，在学校里也是畏畏缩缩，不敢言语。

能把一个人物刻画得如此细腻传神，必要的生活经验总是不可缺少的。对于张爱玲来说，传庆经历的正是自己年幼所承受的，可能多过十倍，只是借由文字是丝毫没有办法面面俱到的。她大概是不求读者能够感同身受，就只想找到一个"天地"可以尽情宣泄，毕竟是年幼无知，担负着这么沉重的心理负担，潜意识里在作品中进行勾勒也是可以理解的。

与张爱玲昔日的文章不同，这次，她在传庆身边安排了一个真心爱慕他的女同学——言丹朱。说爱慕可能太过夸张，有好感是肯定的。

言丹朱是老师的孩子，面容姣好，性格活泼，身边围绕的人可是数不胜数的，但她却喜欢传庆，只是这份喜欢是将其作为女孩子来喜欢的。聂传庆自小便讨厌别人说他女气，这勾起的将是他对亲身母亲的深深眷恋，他不要有弱点，生活已如此艰难，就不必平添一些多余的伤愁了。相比来说，言丹朱应该是自私的，自我认为传庆身边没有朋友，作为她的秘密保守者是最为合适的，她的这份好感总是显得荒谬、沉重，没办法深入，也没办法相互理解、相互扶持。

言丹朱自小应该是被宠溺坏了的，虽说没有公主脾气，但那种居高临下的态度不仅是聂传庆受不了，读过此文章的人大抵对她都是厌恶的。

她的父亲也是值得一提的人。

言丹朱的父亲——言子夜，教授国文，为人低调，做事负责。聂传庆本来对周围师生毫不关心，但偶然在言丹朱那里听得她父亲的名字，瞬间像触电般惊醒。言子夜，言子夜，这个名字好生熟悉，他突然想起，生母珍藏的《早潮》杂志上有过这样的题字："碧落女史清玩言子夜赠"，那是送给他母亲冯碧落的。

自此，聂传庆揭开了一段尘封的往事，原来生母曾与言子夜相恋，已到谈婚论嫁的地步，可由于生母娘家反对，硬是生生斩断了这段情缘。冯碧落也被迫嫁给了聂传庆的生父，在无爱的牢笼里挣扎。

这便像极了张爱玲自己的母亲，同是包办婚姻酿下的苦果，只是冯碧落没能像张爱玲之母一般最终挣脱枷锁，逃脱牢笼。

关于碧落的嫁后生涯，传庆可不敢揣想。她不是笼子里的鸟。笼子里的鸟，开了笼门还会飞出来。她是绣在屏风上的鸟——悒郁的紫色缎子屏风上，织金云朵里的一只白鸟。年深月久了，羽毛暗了，霉了，给虫蛀了，死也还死在屏风上。

聂传庆知道母亲从来没有爱过父亲，就为了这个，父亲恨透了她，也继而转移到传庆身上，要不然，就算有着后母在一旁的挑拨，父亲也不会这样坐视不管的。传庆就这样把细枝末节串联起来，发现原来二十年前母亲本应是嫁给言子夜的，如果是那样，言丹朱的所有一切是不是就该是自己的，是不是他会变得美好，而不是现在这般阴郁沉沦？他陷入了无休止的纠结之中，打从心底讨厌言丹朱却没有办法躲避，试图想从言子夜那里寻求答案却不知如何开口，这两难的境地快把他逼疯了。

最终他还是疯了，在最后一次与言丹朱的争辩中，积怒太久的他终于爆发，用脚踹伤了言朱丹，而后一路狂奔回家。传庆知道言丹朱没有死，她死不了，明天他依旧会在学校里看见她，这种噩梦般的困扰仍将继续。

张爱玲在《茉莉香片》中投入了太多个人的感情因素，无论是聂传庆，还是他的父母、后母，都像是张爱玲年幼身边之人的刻写。正是因为这份熟悉感，让她能够挥笔自如，写出这般传情之作。只是那在书写过程中回忆过去引发的伤痛感便是无人知晓、无人能够体会的了。

挖开心脏，让早已结疤的伤口重新暴露在阳光下，可能早已遗忘的疼痛感又再次席卷而来。张爱玲正是在小说中一遍又一遍重复着这样的动作，她不傻，自然是明白这其中的不易。只是她坚信自己已经强大到不再会因此流泪，不再以一个受伤害的孩子的角度来看待，她要勇敢，敢于回忆过去才能找到自我，才能在现在的起点重新出发。

她不相信爱，却依旧内心渴望，她害怕伤害，却能直面曾经的伤痛。这便是张爱玲的魅力之处，她也正带着这份独有的魅力，不断书写着一个又一个感人传奇。

上演倾城之恋

传奇里倾国倾城的人大抵如此。"到处都是传奇，可不见得有这么圆满的收场。胡琴咿咿呀呀拉着，在万盏灯的夜晚，拉过来又拉过去，说不尽的苍凉的故事——不问也罢！"

每一段感情似乎都是一段传奇，原本没有任何交集的两人却相识、相知、相恋，直至相互纠缠。就像是被一圈圈光晕围裹住的珍宝，散发着无限诱人的光芒。

爱情于每个女人来说都应是奇妙的，恋人的一个微笑，一句关怀，一个拥抱，一次亲吻，便抵得上任何其他。张爱玲是明白这个道理的，自然不是从她父母身上，年幼之时接受到的都是错误的价值观，可无数的争吵诋毁都无法压抑住那深埋在心的小小爱情萌芽。

不能从父母身上体会到爱，那么就转向周围人吧。身边谈恋爱的人各种各样，甜蜜的，争吵的，喜悦的，悲伤的，无数少男少女共同演绎着一出出情感大戏。陷入热恋中的人都会出现理性思维迅速下降，感性思维急速上升的情况。可是张爱玲不同，大抵是看惯了人情冷暖，她深知感情不易，也明白隐藏在其后的辛酸苦痛。

相爱的结果好的便是婚姻了，但是婚姻的结果却未必是相爱，相爱容易，相守很难。张爱玲正值芳华之时，却能看透这其中的真谛，当然会为圆满而落泪，只是很多时候在看过悲欢离合后，她很难再做到心无杂念地坚信爱情，不是刻意创作悲剧，但悲剧的力量是无穷的，揭示真相，长留于心。

　　大概是极为佩服那些勇敢为爱努力的人，尤其是女子，能够冲破阻碍，坚守真心，张爱玲不一定能做到，但她笔下的人物却为读者讲述了一个又一个感人至深的爱情故事。《倾城之恋》里的白流苏便是其中之一。

　　《倾城之恋》算是张爱玲描绘爱情的经典之作，她在女主人公白流苏的身上注入了太多个人情感，希望、踌躇……丰富主观情感的流露，使得这部作品最终精彩无比，读来更是回味无穷。说它是完满结局吧，可读过之后却心生一股莫名的悲伤，哽咽在心头，久久无法散去。

　　这就是张爱玲的本事，在轻吟之间流淌着耐人寻味的悲凉。

　　白流苏离婚以后一直住在娘家，算来也有七八年了。当初离婚之时，全家人都是支持的，特别是几个哥哥，大抵是认为妹妹受了委屈，面子上很是挂不住，所以二话不说便把流苏接回家中居住。

　　日子本就平淡过着，可是自从全家人把流苏带回来的钱用尽之后，这个没落的"贵族"家庭开始重生事端，几乎所有的矛头都指向了这个"拖油瓶"，冷言冷语自然是常事。流苏不是傻子，原本对这个家还有所希望的她逐渐死心，泪也流干了，心也变硬了，只能凄凉地小声说道："这屋子可住不得了……住不得。"

　　即使结过一次婚，流苏还是有着年轻的资本，镜中的她虽然近三十岁，可仍然是娇小的身躯，纤细的腰，半透明的轻玉般的脸和一双娇滴滴的清水眼。她开始找回自己在这个家中厮杀竞争的优势，对啊，她还年轻，还那么美貌，一切都还尚早。

这种想法不久就得到了验证，在七妹、两个侄女都虎视眈眈地想要争取到留学生范柳原的爱时，流苏已经在不经意间取得了胜利。凭借着美貌和舞姿，昂头骄傲地战胜了所有竞争者。她已经不是初涉爱情的女子了，不是不知道感情不能太过轻率，也不是看不出范柳原有多靠不住，但为了给家里所有人以强有力的回击，她只能赌上一切勇敢去尝试。

因此，流苏出走了，去往香港，她就是要赌，如果输了，将名声扫地，也再没有资格做五个孩子的后母。但如若赢了，可以得到众人追捧的范柳原，那么一切辛劳也就值得了。

范柳原呢？帅气不用多言，不然怎么会这么抢手，他自己也是知道的，并且为拥有这份资本而自豪。加上留学生的身份，在女人堆里可谓如鱼得水。可他却没有踏实恋爱的心，只是迷恋于女人的温暖，可一旦谈到真感情，他便避而远之的。

结婚更是不可能的了，喜好自由，也自由惯了的人怎么可能找个枷锁把自己套起来。范柳原不傻，白流苏同样不傻，她离过婚，需要的正是一份真真正正、踏踏实实的爱情，可以有个归宿，为这，她不愿做没有名分的情妇，范柳原给不起的正是这份认真。

可是白流苏又舍不得撒手。大抵是爱了，爱上了就很难按照规划的路走下去，一切都是未知，一切都在改变，她与他周旋，却又感觉力不从心。看着他与其他女人亲密，流苏心里很难过，可说到底她没有任何其他可以留住范柳原心的东西，除了自我。

于是，白流苏学着聪明一点，男人舍不得那种似有非有的感情，永远得不到，就会回过头来追寻。流苏始终与他敷衍不肯轻易委身于他，这是计谋，也是赌注。

在香港的日子或许是两人进一步接触的契机，只是范柳原并没有丝毫定下心来的意思。他可以对流苏好，也可以对其他女人一样好。也就在范柳原盘算着怎样把她弄到手的时候，白流苏赌气回了上海。她心底明白，范柳原没有得到她，是不甘心的，这个时候流苏更不能迁就他，她不能主动，如若这个男人真的对她有眷恋，自然会主动出击的。

"流苏勾搭上范柳原，无非是图他的钱。真弄到了钱，也不会无声地回家来了，显然是没有得到他什么好处。本来，一个女人上了男人的当，就该死；女人给当让男人上，那更是淫妇；如果一个女人想给当让男人上而失败了，反而上了人家的当，那是双料的淫恶，杀了她也还污了刀……她未尝不想出去找个小事，胡乱混一晚饭吃。再苦些，也强如在家里受气……尤其是现在，她对范柳原还没有绝望，她不能先自贬身价，否则他更有了借口，拒绝和她结婚了。因此她无论如何得忍些时候。"

自从认识范柳原，白流苏就一直在下着赌注，待在上海的日子有多煎熬只有她自己清楚。一面怀着希望，一面却又恐惧所有的努力都将付诸东流。就这样熬到了十一月底，范柳原终于从香港来了电报。那份电报，整个的白公馆的人都传观过了。老太太才叫流苏过去，将电报递到了她手上，只有寥寥几个字："乞来港。船票已由通济隆办妥。"应该是赌赢了吧，但当她第二次离开家来到香港时，她觉得自己失败了。

固然，女人是喜欢被征服的，但是那只限于某种范围内。如果她是纯粹为范柳原的风仪与魅力所征服，那又是一说了，可是内中还掺杂着家庭的压力——最痛苦的成分。刚到香港，范柳原来接她，激动得吻了她，可是紧接着却告诉流苏一个星期后他要去往英国并不能带她走。流苏就又这么被留下了，范柳原倒是给她租了房子，可是对于一个女人来说，需要的只是陪在身边的真切爱人，有着温暖的身体和呼吸，可以在脆弱之时拥抱她，在欢愉之时轻吻她。流苏真觉得自己是任由他摆布，都已经走到这一步了，她没办法回头，也不可能回头。

还没等流苏有足够的时间为未来打算，战争爆发了。轰天的炸弹声惊醒了所有人，范柳原去往英国的路被隔断了，这个倾城大祸却促成了两人的姻缘，最终能够厮守在一起。大概是在生命受到威胁的时候，人才会静下心来念着自己真正在乎的是什么，一切繁杂，一切阻碍都已经变得微不足道了，唯有爱才是支撑他们走下去的强大力量。

范柳原也就是在惊慌之时，确定了自己的心，他不再逃避，他爱着流苏，那么就应该让她知道，就应该让这份来之不易的爱情永久。在避难所的大房子中，黑暗里，两人却能清楚看见对方，在这个动荡的世界里，钱财，地产，一切的一切都不可靠了，靠得住的只有对方呼出的深深气息，还有摸得到的温暖身体。

他们结婚了，白流苏终于成了范柳原名正言顺的妻。

　　文如其名，这个故事就如同《倾城之恋》这个书名一般，在倾覆全城的悲凉中，唯有爱是不可战胜的，唯有爱才是哀伤之溪中流淌着的暖暖细流。大抵这便是张爱玲能够营造给我们的美丽动人世界。

灵秀且流俗

Written on water.

　　拥有才气的女子往往是全面的，不仅相貌，更是文路。张爱玲当然属于其中，除了小说以外，她还能写出更为漂亮灵秀的散文，独独只属于她自己的张氏"流言"体散文。

　　张爱玲的小说好似一道道绚丽的回廊，一级级地往上攀登，总是会有奇妙的旅途，但像是永远到不了的茫然结局。相比之下，她的散文却是"写在水上的文字"，流动间充盈着自然之感。略带平淡之余，却仍然能够看见绚烂的光晕，在你被光芒闪耀后，最后还是能够回归到平静。有人曾经说过，读张爱玲的散文比读她的小说更有味道，其实不然，张爱玲的技艺在小说和散文中都体现得淋漓尽致，丝毫没有孰轻孰重的可能。

　　此时张爱玲的散文基本上都收录于她的散文集《流言》里。所谓"流言"的意思就是 Written on water，写在水上，却不会马上消逝，更像是水流上的花瓣，顺流而下，流淌开来，香气四散开来，让人流连忘返。

作者与读者之间，小说应当是两点之间最短的距离，但是基于对张爱玲性格的了解上，散文大概才是她最能与读者真切交流的通道。她一直宣称自己是个俗人，是个小市民，更是个拜金主义者，作为一个名声已大的女性作家，能这样坦诚面对自己大概还是需要很大的勇气的。

张爱玲说："我母亲是个清高的人，有钱的时候固然绝口不提钱，即使后来为钱逼迫得很厉害的时候也还把钱看得很轻。这种一尘不染的态度很引起我的反感，激我走到对立面去。因此，一学会了'拜金主义'这个名词，我就坚持我是拜金主义者。"

所以，她对钱的热爱是极盛的，也从来不藏着掖着，很开诚布公，好似要让全部人都知道张爱玲可不清高，钱是尤为不可缺少的。大抵是小时候父亲和后母管钱太过严苛，她打小就渴望钱，深知金钱的重要性。

她知道钱的好处，可以买好看的衣服，吃好吃的东西，应当享用它们，可到了用它们的时候却再三考虑，那考虑的过程有痛苦也有喜悦，回忆起来都是很有价值的。张爱玲说："我这种拘拘束束的苦乐是属于小资产阶级的。每一次看到'小市民'的字样我就局促地想到自己，仿佛胸前佩戴着这样的红绸字条。"

张爱玲反而是爱极了这种生活的，别人都极力装着清高，对钱知而不谈，她却相反，不但要谈，还欢喜得很。后来，她发现自己比以前有进步了，开始变得踏实，安全感的增加让她对钱的态度没有那么强硬。她在散文集里记述了很多琐碎之事，写属于她的"美食"，写自己的"音乐"……就在这些家长里短中，她和读者们有了交流，不再像小说那样始终有种隔阂，这次倒是畅然无阻。

张爱玲不喜欢周作人散文里的"冲淡"风格，她认为那是"假撇清"，周作人喜欢写谈吃的文章，但"他写来写去都是他故乡绍兴几样最节俭清淡的菜，除了当地出笋，似乎也没有什么特色"。

几次下来，便不觉有什么新意了。张爱玲不同，她不要清高，要俗，俗得吃零食、逛商场、买衣服，对钱也是斤斤计较的，可雅也是要的，她会透过世俗，洞彻人性，一面吃着"俗气"的食物，一面却也洋洋洒洒写出一篇篇雅俗共赏的精妙散文。

文如其人，她的散文，既能入俗又能脱俗，既有平淡，又有华美，这就是人们常说的"流言体"。能够随俗，就让张爱玲能以上海人这群世俗的都市人感受着世界，在安稳生活中，体现一般人的思想，在作品中引起共鸣，这大概便是雅了。

像周作人这样的冲淡闲适肯定是不适合她的，而像林语堂那样的性灵趣味，虽高雅，但又只充满着文人的"疏远"。张爱玲则不然，她食人间烟火，却又有着高雅的性情，她用独特的"流言体"书写着一个又一个雅俗共赏的好文章。

张爱玲的很多随笔，像《洋人看京戏及其他》《谈女人》《论写作》《忘不了的画》《谈跳舞》《谈画》，大都是表现她对艺术的见解。读者读来之时，暂别了小说中的悲欢离合，接触到更为广阔的世界，读来就更有意味了。她的散文里，还有一种爱调侃的风格，本来所写之事就够松散有趣了，再加上张爱玲独有的幽默气息，使得文章异常调皮可爱。

她虽然本人并不跳舞，但是还颇有美术的天分，散文里多少有着对西方艺术大家的赞赏和分析，色彩和线条都是值得一说的敏感话题，这样加上调皮的语气，张爱玲的艺术之美就显得越发独一无二了。

张爱玲并没有周作人、林语堂、钱钟书那样的博大学问，自然就没有他们那种书香气息了，但自身多出来的那一份灵秀与入世就显得生趣华美了。

第六章

只求一日连理枝：
滚滚红尘，缠绵悱恻

美 梦 在 伊 始

你还不来，我怎敢老去。张爱玲如是说。

当日本侵略军的铁蹄踏上东亚睡狮的身体时，他们最先扼住的便是上海这座咽喉城市。上海沦陷，从此成为一座与世隔绝的孤岛。

街上，安静了下来。即便是大白天，也是郁郁苍苍的悲凉热闹。张爱玲的心一点点冷却，不仅因为乱世，还因为乱世投射到她身世上更为悲戚的孤独。

从小就缺失父母关爱的张爱玲，如今一直寄居在姑妈家里。但姑妈家就是姑妈家，不是自己的家。虽然平日里有苏青的关心，有炎樱的陪伴，有姑妈的厚爱，但都暖不了深夜床前零度的月光，她的情感寄托是空虚的，她没有归依。

张爱玲在苍凉的月下叹息，虽然此时的上海滩，她的名字早已大红大紫，最时尚最洋派的时装杂志封面印着她的时装照，大大小小的弄堂里认识的不认识的人都谈论着她和她的作品。

感情的事向来冷暖自知，与名利无关紧要，纵使外界再繁华，也抵不过内心的凄凉。纵然冷眼高贵，纵然沉默寡言，纵然事事冷眼看穿，但她毕竟是一个年轻的女子，宛若含苞待放的花蕾，在内心深处，她渴望能遇到一个他，成全她一生中最恣意蓬勃的生命之花绽开。

于千万人之中遇见你所要遇见的人，于千万年之中，时间的无涯的荒野里，没有早一步，也没有晚一步，刚巧赶上了，那也没有别的话可说，唯有轻轻地问一声："噢，你也在这里吗？"

多情的女作家写下了这样的句子，可是，这个属于她的"不速之客"到底在哪里？

就在此刻，在距离上海四百公里外的南京，在石婆巷20号家中院子的草地上，有一位男子，悠闲地躺在藤椅上，看好友苏青从上海为他寄来的《天地》月刊。

他是胡兰成，出生浙江绍兴的寒门才子。虽然，人生的起跑线是无法抉择的，但他那与低微的出身形成强烈对比的远大抱负所聚拢的力量，使他在时代的风云中另辟天地。

一九三六年，身在广西的他还只是一位普通的教员，因为在《柳州日报》发表的一篇《鼓吹两广与中央分裂政论文》而受到军法审判，引起社会的广泛关注，但他的政论暗藏玄机，得到了亲日派汪精卫系的青睐。

不久，他便由一名普普通通的中学老师一跃成为汪精卫的私人秘书兼翻译。任职期间，他大肆宣扬卖国求荣的舆论，当时，凡是亲日派在重要报纸上发表洋洋洒洒的社会评论，皆出自这位才子之手。

便是这样一个人，有着满腹的诗书才华，写得一手漂亮的文章，还有着年轻人挥斥方遒的机敏与睿智，于这天，邂逅一位美丽的女子。

冬日的阳光暖暖地照在身上，他翻着杂志，缓缓地浏览着。突然，他的目光被一篇名为《封锁》的小说吸引，停滞不前。

如果不碰到封锁，电车的进行是永远不会断的。封锁了。摇铃了。"叮铃铃铃铃铃"，每一个"铃"字是冷冷的一点，一点一点连成了一条虚线，切断了时间与空间。（《封锁》）

从开头到结尾，胡兰成是一口气读完的。初读开头，便不觉一震，立刻直起身来，读完一遍也不作罢，又从头读了一遍。胡兰成完全被《封锁》干练细腻的笔调所震惊，同时，更令他诧异且佩服的是，作者不可思议的洞察力。忙寻了作者处去看，"张爱玲"三个再普通不过的字眼，便永远刻在了他的脑海。仿佛一切，在冥冥之中皆有注定。

"张爱玲是谁？"胡兰成饶有兴致地在信中问道。"一个女子。"苏青回复道。这令胡兰成更有兴趣，便一心惦记着。他开始留意与她有关的文章，收集与她有关的信息，只要是听到关于她的只言片语，他都是欢喜的。

在下一期的《天地》寄来后，他在满怀期待的翻阅中，果然看到她的文章，还有她的一张小像，这样年轻的女子，写得如此漂亮的文章，这让他格外佩服，也不禁心生仰慕。

一九四四年初，他刚刚获释便立刻乘车回到了上海。下了火车便直奔苏青家中，遇到许久不见的老友，苏青自然是热情款待，他问起了张爱玲的地址，说想去拜访。苏青迟疑了一下，说张爱玲是不见人的。怎奈经不住胡兰成的苦苦哀求，苏青最终还是给了他地址，纸片上一排小字：静安寺赫德路192号爱丁堡公寓楼。

第二天，胡兰成就来到了张爱玲的居所。这位不请自来的不速之客，因为心情太为迫切，竟忘记带名片，张爱玲果然托故不见，他只好尴尬地从门洞里塞进一张写了自己联系方式的字条。

过了一日，午后的厅堂传来铃铃作响的电话声。张爱玲说，她来看他。

不多时，在大西路美丽园的门外便来了一辆车子，守时的女作家来到三层楼里朝南的一间客厅，这是胡兰成单独会客的小客厅。

胡兰成望着眼前的女子，她长得并不漂亮，很高。鞋子是自己做的，一只黄色的，偏另一只又是黑的，别的女子都穿长旗袍，偏她着一身短旗袍，时下流行女士短发，她偏做了长发发式。

她像学生，端坐在沙发的一角，一脸稚气的正经模样。沉静，疏远，奇装炫耀。然而，胡兰成终究是惊艳了。但惊又不是那种惊法，艳也不是那种艳法。张爱玲的超脱气质早已超出了胡兰成平日里对女性美的所有评审标准。

胡兰成之于女性就像贾宝玉之于女性，他深深了解年轻女性的心理，也深知，在这样一个年轻聪慧的姑娘面前，只有充分展示自己的才华，施展自己的才学，才能使她折服。

于是，他开始口若悬河地谈了起来，他谈到了时政，谈到了当今最流行的作品，谈到了对张爱玲文章的理解，还讲了自己在南京闲居时候发生的故事。他的谈话事无巨细，甚至关心地问起张爱玲的生活、写作、稿费等问题。

张爱玲的话不多，却也不介意这样一人说一人便听着的对话方式。他们在早春的下午，在客厅里一聊就是五个小时。这五个小时，也许已足够酝酿所有的情绪，这五个小时，也预示着即将到来的恩恩怨怨。

天色将晚，胡兰成起身送客。在深深的弄堂里，两人肩并肩地走着，他看了她一眼："你的身材这样高，这怎么可以。"

张爱玲有点诧异，这句话，把他们拉得很近。也许，早在四目相交的那一刻，她就输了。"我一直想着，男子的年龄应当大十岁或是十岁以上，我总觉得女人应当天真一点，男人应当有经验一点。"张爱玲的想法是这样的，胡兰成满足了她对男人的所有幻想。

而张爱玲之于胡兰成，更是有着无声却巨大的冲击力，她颠覆了这位三十八岁，有着丰富情感经验和社会经历的男子自以为完善的审美观，让他一再惊艳。才子总是多情的，在这初春的上海弄堂里，美梦伊始。

低 到 尘 埃 里

相遇之后，便是一段华丽的故事。

每天，那个熟悉的时间，熟悉的叩门声响起，张爱玲的嘴角随之扬起，心也开始泛起波澜。打开门的那一刻，两人相视一笑，便胜过千言万语。

每天里都是熟悉的情节，茶香在客厅里袅袅地缭绕，他们吃着精致的小点心，漫谈着各种各样的故事。他们总是能够在不同的故事中找到灵魂完美的契合点。他们越发地默契，一种温润的情感，渐渐升华成深沉的爱，将两颗心紧紧地捆在一起，他们难以挣脱，也不想挣脱。

那一段时光，他们就这样静默地深陷在俗套的红尘故事里，守着岁月静好，现世安稳。他只是一个温雅的才子，她只是一个深陷爱情的小女人。只要两个人在一起，便是无边无际的幸福时光。

他走后，她便摊开纸稿，读读写写，时而想起他，嘴角扬起一个微笑。

就这样，时光匆匆，他走了……然后，他又来了……这一日一日他们反反复复，书写着生命里最美好的时光。

他看懂了她，他看到了她高贵苍凉的灵魂。

他说："和她相处，总觉得她是贵族，其实她是清苦到自己上街买小菜。然而站在她跟前，就是最豪华的人也会感受威胁，看出自己的寒碜，不过是暴发户，这绝不是因为她有着传统贵族的血液，却是她的放恣的才华和爱悦自己，作成她的那种贵族气氛的。"

她就这样痴情地等着他，如同一个灵魂的守望者。

她说："我要你知道，在这个世界上总有一个人是等着你的，不管在什么时候，不管在什么地方，反正你知道，总有这么个人。"

她送给他一张相片，那是她自认最好看的一张，背后写着一行文字："见了他，她变得很低很低，低到尘埃里，但她心里是欢喜的，从尘埃里开出花来。"喜欢一个人，喜欢到尘埃里开出花来。那是一种爱的极致，仿佛为了爱，就可以奔赴刀山和火海。

后来，在波澜壮阔的岁月里，她再也没能那样爱上一个人，纯洁地献出所有，如供奉一个神祇一样交付全部。

面对这样炽热纯真的一份感情，如果说胡兰成一刻真情都不曾有过，那是有失偏颇的。

作为一个才子，对才女本身就有着异乎寻常的倾慕，当年他亦是慕张爱玲之名而去。但他对张爱玲的爱，比起张爱玲对他的来说，确实微不足道。

更多的时候，张爱玲这个名字对于他来说，不是可以放在心里珍之重之的存在，他更愿意将这个名字随口而出，在众人面前，当作一段奇情的风流韵事，为他添上几分荣光。

相聚总是短暂，不久后胡兰成便调到南京任职。他走了，也带走了她心里的光芒，她对胡兰成说："你说你没有离愁，我想我也是的，可是上回你回南京，我几乎要感伤了。"

他还是时常从南京回来，回来之后却不是回到家中，而是去张爱玲家中，他的一颗心都系在了那里，每一次都是满身的风尘仆仆径直赶，进门便熟稔地说："我回来了。"这一句，胜过任何浮夸的甜言蜜语。

他清晨起来，出去上班，她目送他背影，他的周身包裹着清晨的光辉，那光明直射进她的目光里，装满了她的心。等到黄昏时分她又迎他回来，夕阳伴着他，带着温暖的神圣，她就以一个等待的姿势，幸福地沐浴在他神圣的光晕中。

在他面前，她收敛起一切犀利，甘愿被驯服，成为一个小女人。温柔依恋，满心欢喜，如同三生鸳盟。

有时候，他们坐在一起，谈起往事，谈起彼此不曾参与过的人生。轻轻浅浅的言语，拼成一段声色俱全的过往。

胡兰成说，他从小就很喜欢他的父母，在他眼中，那是最好的父母。但是张爱玲却说，她一向不喜欢父母，她喜欢的亲人只有姑姑。她始终记得有次母亲将她敬爱的老师奖励给她的八百元在牌桌上输掉的事情，自此，虽然谈不上怀恨，终究有几许怨怼。

她将钱看得越发重要，也许，对物质的占有才是生命最真实的痕迹。在有了稿酬收入后，她很庆幸，自己的钱都是自己挣来的，没有半分是父母给的，这让她觉得自己的灵魂是直立的。她将自己的辛酸讲给他听，言语淡薄冷静，就如同娓娓道来一个别人的故事。她从来都不掩饰真实的自己，爱憎分明。

而这样的真实和坦白，毫不掩饰的意图，并未击退炽热的爱情。情到浓时，优点是锦上添花，缺点是有缺陷的完美。耳鬓厮磨里，两人感情日益深浓，张爱玲却偶尔犯傻气，问胡兰成，她是不是在做梦，眼前这个人是不是真的。她是那样害怕失去他，犹恐相逢是梦中。

　　又或许，这段爱情，只是一场华丽的梦。

　　一九四四年八月，上海的盛夏，百花灿烂日，也正是梦境旖旎时。张爱玲嫁给了胡兰成。那一年，他三十八岁，她二十三岁。彼此都是最美好的年纪，他正年富力强，她则如花绽放。

　　当时，他们迫于时局，并未举行任何仪式。只有一张小小的结婚证书，他们自己写下了结婚誓词，张爱玲写了前面两句：胡兰成与张爱玲签订终身，结为夫妇。他提笔在后面写道：愿使岁月静好，现世安稳。

　　温柔得几乎要令人落泪。

　　她少时的闺密炎樱当了证婚人，在好友的见证下，他们走到了一起。为一段感情故事，一切美好如梦幻。

　　她不是不知道胡兰成在外头的风流韵事，从结发妻子到续弦，还有许多露水姻缘，就在同她结婚不久前，他才和当时的妻子离了婚，她也不敢保证，自己能否是他的最后一站——她只能默默期望，自己将会是陪伴他到白头的那个人。或许她也曾想，天长地久太远了，此时此刻，幸福就好。

　　他们在闺房里谈论美术、音乐、戏剧，还有彼此都钟爱的文学，张爱玲不喜欢西方古典主义文学，莎士比亚、歌德、雨果，她都不很喜欢，但她要是谈起萧伯纳和赫克斯莱时，依旧能娓娓道来，极有见地。

面对她，胡兰成很是有几分同知己相交的快乐，他这样评论自己的妻子：爱玲极艳，她却又壮阔，寻常都有石破天惊。她完全是理性的，理性得如同数学，她就只是这样，不着理论逻辑，她的横绝四海，便像数学的理智，而她的艳又像数学的无限。我却不准确的地方是夸张，准确的地方又贫薄不足，所以每要从她校正。前人说夫妇如调琴瑟，我是从爱玲才得到调弦正柱。

从这段话中，不难看出，当丈夫的，对妻子的才华很有几分崇拜骄傲的意味。如此一来，他对张爱玲的爱，难免有点复杂，像是学生看老师，又像是粉丝看偶像，自豪里，抑或也有几许自卑。到底掺杂了几分杂质。

然而，张爱玲对他的爱却是纯粹的，感情最好的时候，她如同一个小女孩儿爱着自己的父亲一样爱着胡兰成，她眷恋他所给予的那种温暖与柔和，她不知道他是不是可依赖的，但她愿意就这样始终依赖下去。

胡兰成给过她一点钱，其实他都不如她赚钱多，她的稿费很高，足以维持优渥的生活。但张爱玲还是很高兴，虽然她不缺钱，可这是丈夫给她的，是否也能证明一点点他爱她的痕迹。

一个男人对一个女人毫无感情，是断断不会在金钱上为她破费的，而一个女人用丈夫的钱，是一种快乐。她拿着这点钱去做了一件新衣，是一件长皮袄，颜色极艳，她加了一件红色披肩，喜滋滋地跑去给他瞧，有点小小的炫耀，却满心都是欢喜。

有一次，他们出去散步。那时，她穿着一件桃红色旗袍，脚上穿着双鞋头绣龙凤的鞋子，他回头赞美她穿得好看。她开心得不得了，对他说桃红的颜色里闻得见香气。后来，胡兰成每次从南京回来，她都要穿上这双鞋子。只因为他夸过它。

　　他时常赞美她，她也礼尚往来，有次两人谈起共同的好友苏青，她用非常文学化的语言形容这位朋友：苏青的美是一个俊字，有人说她世俗，其实她俊俏，她的世俗也好，她的脸好像喜事人家新蒸的雪白馒头，上面有点胭脂。形容得非常通透与贴切。然后胡兰成问她，那么我和你在一起像什么呢？她笑着回答说，你像是一只小鹿在溪里吃水。

　　小鹿是俊美而温驯的，在溪里喝水的模样是柔嫩动人的。在张爱玲眼中，胡兰成就是一位风度翩翩而温和的男子。为了他，她可以一再打破自己的原则和底线，甚至改变自己。

　　她素来都不爱外出，但同胡兰成结婚后，她有时也会陪他出去应酬，去周佛海或邵洵美家中，其实这种高谈阔论的派对式聚会并不适合张爱玲，她心思灵敏，有时却嘴笨，也懒得和人打交道。在这种聚会中，她只是静静地坐在一边，望着胡兰成，看他微笑，高声或低声发表言论，或者拿起一杯红酒浅酌，一切的一切，都好像是看不够一样。

　　他一人坐在沙发上，房里有金粉金沙深埋的宁静，外面风雨琳琅，漫山遍野都是今天。

　　她曾写过这样的句子。那时，胡兰成在房间里一个人写文章或看书，她并不进去，只站在门口，静静地瞧着他，这一眼，便是她的全部，她的世界。

那就是她的爱情。她曾经燃烧了一切璀璨的爱情，在最好的年华里，爱上了一个她以为是最好的男人。她也期盼过长长久久，却不曾预料，他们只能是"霜雪吹满头，也算是白首"式的曾经拥有。

或许，胡兰成一直都是她的梦，那样一个男人，曾予她温柔呵护，曾视她如瑰宝，也曾轻柔宠溺，教人心醉神迷。但梦外的胡兰成，却不是这样的男子，他用甜蜜的言语将她捧到天上，却摔碎了她的一颗真心，揉碎在雪地里，还要踩上一踩。

而很久后，她才知道，他始终不是她的良人。可她还是感激的，并不后悔和怨恨。终究是他，令她明白爱情的神秘。她不曾说出口，可有人看得明白，或许当年那个以文笔情思惊艳了孤城的女子，只是爱上了爱情。

谁给一场现世安稳

从尘埃里开出的花朵便是张爱玲全盘托付的心。

爱情可以将人心融化，曾经那个飞扬跋扈的女子在胡兰成的面前越发卑微了起来。彩笺邈远，轻轻地折进她的情思，为了他，她甚至不惜妻室名分，在给胡兰成的信中，她又一次提道："我想过，你将来就只是在我这里来来去去亦可以。"

于她而言，是何等爱情让这位沪上才女竟到了如此凄惨萎缩的境地。或许所谓爱情的天平从那时起就开始悄悄倾斜了。

"胡兰成张爱玲签订终身，结为夫妇，愿使岁月静好，现世安稳。"谁也不曾想过，这纸薄薄的婚书还未在岁月里见证沧桑，就被浪荡的才子无情地尘封。连理比翼的结合，在这乱世之中被附加了现世安稳的期许，这样荒乱的时代，如何期待天长地久？

其中的冷暖，张爱玲从来没有跟人提过。

低，低到尘埃里去。那时的她似乎已经察觉细若游丝的点点悲鸣之音。纵然短暂的爱意湮没了苍凉之感，却无法阻挡渐渐打开的未来结局——已得其情，哀矜难喜？

因为懂得，所以慈悲。人世喧闹悲欢，生命转瞬即逝，纵然睥睨着世间万物，张爱玲不曾放弃她心中那份悲悯暖意。

想那次与胡兰成在苏青家的偶遇，那时张胡已是夫妇，恍如陌路。三人的不期而遇，心知肚明，抹不开中国人传统骨子里男女授受不亲的因子，都显得十分尴尬。她心中明白，却只能生生地把莫名的嫉妒与委屈往肚子里生吞。

如果说，遇见胡兰成是张爱玲的宿命，那么离开胡兰成的宿命她便是也接受了的。她知道她不是他的第一个，亦不是最后一个。

在张爱玲的爱情里，她从不去奢望天长地久的幻影，更愿意在乎今日的良辰美景。因为在这个现实主义的悲观者眼中，她清楚，再美好的东西她也留不住，除了在她还能拥有的时候疼惜它们，欣赏它们，而绝没有想到去占有它们，对胡兰成亦是如此。

"你这个人嘎，我恨不得把你包包起，像个香袋儿，密密的针线缝缝好，放在衣箱藏藏好。"她依偎在他的怀里，四目刹那相撞的瞬间，漫山遍野的今天已是她生命的永恒。

　　香港的陷落成全了她。但是在这不可理喻的世界里，谁知道什么是因，什么是果？谁知道呢？也许就是因为要成全她，一个大都市倾覆了。成千上万的人死去，成千上万的人痛苦着，跟着是惊天动地的大改革。

再也无从探究张爱玲在《倾城之恋》中的这段告白是否有所指，可对于张胡而言，战争却是他们爱情的分分合合中一个微妙的第三者。

一个"有志气的男人"在乱世之中怎能论得了儿女情长？这爱情于他而言，是完全不同的。张爱玲虽是他的"妻子"，却不是他的"唯一"，哪怕是她曾去信给南京的他"你说没有离愁，我想我也是的，可是上回你去南京，我竟要伤感了"。心怀"英雄大业"的胡兰成梦想着日本军事武力翼护下创立的"大楚国"，便毅然南下了。

"大业"未就，却情枝开散，真是个极致的讽刺。十一月的武汉淫雨霏霏，在这样暧昧的天气里，他自然耐不住心中的寂寞。对这位风流倜傥的放情男子而言，朝朝暮暮催疲老，倒不如寻个一时风流一时乐的新奇快感。这颠簸一路传至胡兰成手中的相思信笺此时只有一块石头的重量，丝毫无作为丈夫的责任感。

曾经的甜蜜似已成了他的负担，在她的上海与他的武汉之间，间隔的不仅是空间的距离，爱情的裂纹也在时光的震动中越来越明显了。

执子之手与子偕老的爱情神话就这样烟消云散了。在武汉瑟瑟的秋风中，胡兰成似乎早已忘记了远在上海的爱人深挚的相思情谊，执握起另一个妙龄女子的手。此时，年轻貌美的护士周训德小姐又成了胡兰成爱情神话里的下一个女主角。

论起才华与美貌，小周自然不能与张爱玲相提并论。只是，胡兰成向来没有打算将自己所有的爱和心思交付给同一个女人，就如同当时张爱玲分享了他与妻子英娣的爱，而现在，胡兰成也开始了下一轮寻花问柳的征途。

蓦然回首，张爱玲才发现，原来她与他，从一开始想要的就不一样。

当他走马灯似的四处挥洒着廉价的风流时，她并非不知。只是她不想像庸常的市井女子那般搅闹不休，乞求怜讨。多少次，她只当他是逢场作戏。她相信无论走多远，他都会回到自己身边温暖的港湾。

一九四五年三月，日军已呈现节节败退之势，胡兰成回到上海与张爱玲共住月余，他毫无隐瞒地表演着他的堂皇正大，借着找到的好托词，亲口把这次武汉的风流韵事告诉了挚爱自己的爱玲，甚至沾沾自喜。

他常说她的自私："她的世界没有一个是夸张的，亦没有一个是委屈的。她非常自私，临事心狠手辣。她的自私是一个人在佳节良辰上了大场面。自己的存在分外分明。她的心狠手辣是因她一点委屈受不得。"可是，殊不知，真正自私的人是那个从来不肯站在别人的立场上着想的负情浪子。

可是如今，那张曾经吐露着甜言蜜语的口中，却解释着自己与小周男女相悦的天意当然，也许在此刻张爱玲才明白，这个曾经使英娣心口痛的男子，终于轮回转报到自己身上。

她不过是一个平凡的女子，此刻，她不是纵观文坛的沪上才女，亦不是睥睨世间的贵族遗子。更非胡兰成想象中那个坚强冷峻的奇女子，现在，她只是一个刚刚被情人抛弃的人。

张爱玲默默垂下头，面带幽怨与无奈，满脸哀伤惆怅。她只是不愿相信，曾经的你侬我侬，转眼就成为云烟；她只是不愿意相信，他的信誓旦旦如今却付之东流；她只是不愿意相信，在爱情的博弈上，她最终还是输了。

她没有要求胡兰成急急地离开护士周训德，而是提着到嗓子眼儿的心，故作深沉地让他在她们之间做出一个选择。尽管她自己也晓得，这一切无非是掩耳盗铃罢了。

胡兰成曾以金橘之例比喻他与张爱玲的爱情。少时长辈分橘，唯有自己无份，心觉不然却也大方，及后跟父亲上楼，才得到专门留予自己的红艳艳大福橘。这般狡辩实在不雅，这种赐予与被赐予之间的关系，原本就是不平等的，在他的眼中，也许男女之情就应该在这种不平等的关系间发展下去，在他眼中，也许只希望张爱玲一味地无私、宽容和等待下去。

多妻主义在任何一个爱深责切、自尊个性的女子那里都是行不通的，况且女主人公是张爱玲。胡兰成在她的心上狠狠划了一刀，却苛求受伤的人吞咽下委屈，不准喊疼。这样地残忍，或许于张爱玲来说也是无计了。

如花美眷，似水流年。在最美的时候她遇到了他，却终抵不过光阴的摧残和青春的折损。面对容貌灵秀，花正当红的护士小周，面对冠冕堂皇、自鸣得意的胡兰成，爱玲开始细细审视三人之间的关系了。

红了樱桃，绿了芭蕉，流光容易把人抛。在那些总也留不住的一切里，最留不住的其实是人心。有些时刻使人一下子成熟，就在此刻，她开始渐渐明晓了一切。

执意斩断情丝

一阵繁华喧嚣过后，愁丝万缕归为沉寂。

"你如果问我爱值不值得，其实你应该知道，爱就是不问值不值得。"半生缘里的这句话恰是张爱玲的真实自白。

今年元夜时，月与灯依旧。不见去年人，泪湿春衫袖。

在张爱玲的爱情世界里，三个人实在太拥挤了，她痛苦，她委屈，她隐忍，她无处诉说，她不过只是想要一场完整的真爱，却被逼得无路可走。

　　二女不可侍一夫，曾经张爱玲把选择的主动权交给了胡兰成，盼望着他念旧情，盼望着他回心转意，而他给她的答案实在让人难以接受，愈踌躇愈煎熬，这本不是张爱玲的性格，如今她不得不亲手斩断这藕断丝连的痛苦。

　　一九四五年五月，胡兰成重又回到沈阳，一下飞机迎面清新之气，他觉得"真是归来了"，没有了张爱玲的局促，他终于可以尽情地纵身于周小姐的调情爱恋之中，不，现在他不再称其为"周小姐"了，而是轻轻地唤一声"训德"，江边漫步，泛舟清湖，俨然是一派夫唱妇随的架势。而此情此景，若是让幽居上海望眼欲穿的爱玲知道了，定会更心碎。

　　忽忆起张爱玲在《红玫瑰与白玫瑰》里的那一段话：

　　　　振保的生命里有两个女人，他说一个是他的白玫瑰，一个是他的红玫瑰。一个是圣洁的妻，一个是热烈的情妇——普通人向来是这样把节烈两个字分开来讲的。

　　　　也许，在每一个男子的生命中都有过这样的两个女人，至少两个。娶了红玫瑰，久而久之，红的变了墙上的一抹蚊子血，白的还是"床前明月光"；娶了白玫瑰，白的便是衣服上的一粒饭粘子，红的却是心口上的一颗朱砂痣。

　　一九四五年八月十五日，日本投降，中国光复，同时倒下的还有附庸在日伪政权上的一批傀儡人士，身在武汉的汉奸胡兰成无路可走，便在日本的幕后指使下铤而走险，策划所谓的"武汉独立"，十三天后，他的"大业"终为土灰，同时失去的还有爱玲对他的爱情。大难临头各自飞，小周他是不会管了。自此，他开始了东躲西藏的逃亡生涯。

风流本性终难改，谁承想，就在逃亡途中，胡兰成又与斯姓人家的大户姨太太范秀美有了鱼水之欢。此时的他早已把什么张爱玲、周训德抛到九霄云外了，在与范秀美逃至温州乡下避难的过程中，二人一度以夫妻之名定居下来。

对于这一桩风流韵事，胡兰成有自己的解释："我在忧愁惊险中，与秀美结为夫妇，不是没有利用之意。要利用人，可见我不老实。"这也是实情。可胡兰成又偏偏强调感情的作用："但我每利用人，必定弄假成真，一分情还他两分，忠实与机智为一。"廉价的文人风流，男欢女悦在胡兰成的解释里突然变成了有情有义，有智有谋的模样。

自上海一别，惶惶如丧家之犬的胡兰成便杳无音信，整个人仿佛蓦然就从张爱玲的生活中人间蒸发了。而彼时的张爱玲却还在牵肠挂肚地担心着胡兰成的安稳，全然不知人家身旁早有佳人相伴。

痴情女儿无情郎，张爱玲是从胡兰成一个密友处打听到他的下落的，便一路上念着他想着他急急地寻来。

曾经那样一个看陌上花开缓缓归落亦不动情愫的女子，连与姑姑、炎樱这样亲的人也不肯轻露喜怒的人，却比她的小说里任何一个多情女子还要痴情，竟然义无反顾地跋山涉水，千里寻夫："我从诸暨丽水来，路上想着这是你走过的，及在船上望得见温州城了，想你就住在那里，这温州城就含有珠宝在放光。"她以为经历过这些风雨，他定是回心转意了，她以为在动荡的时局下，他的心定是安稳了。

可当她风尘仆仆地从千里之外赶来，胡兰成的心情却是复杂的，"一惊，心里即刻不喜，甚至没有感激"，几乎要粗声粗气骂她回去。"你来做甚么？还不快回去！"

回忆永远是惆怅的，曾经愉快的事情会使人觉得开心，可惜已经完结了，不愉快的事情想起来依旧很伤心。她终于认清了自己的感情，贫乏到没有责任心。

听罢胡兰成的只言片语，张爱玲轻轻地闭上了眼睛，滚烫的泪水静静地漫延在她的脸颊上……千里寻夫，竟得到这样的答复！残酷的现实如同病人悠长杂乱的苦吟，执拗地钻进她的世界，侵入她的意识，令她心烦意乱。从尘埃里开出的花自将萎谢了。

此时的张爱玲，望着胡兰成和范秀美的背影，已然明白了八九。

虽然白日里一切如昨，依然可以与他徜徉在温州小城的大街小巷，如同在上海的习惯；虽然他言辞恳切地解释道，自己动怒是因为他不想看到她逃窜乡野的落魄模样；虽然他们之间还默契着，胡兰成说，"有时两人并枕躺在床上说话，两人脸凑脸四目相视，她眼睛里都是笑，面庞像大朵牡丹花开得满满的，一点儿也没有保留，我凡与她在一起，总觉得日子长长的。"

可是张爱玲知道，她不过是在闭目塞听，自欺欺人罢了，物是人非事事休，平静的生活下已经暗涌翻滚，不可阻挡了。昨夜西风凋碧树，独上高楼，望尽天涯路。欲寄彩笺兼尺素，山长水阔知何处！她此次前来，自当是绝望了。从曾经的小周到如今的范秀美，之前的伤疤还未结痂，新的创痛又流出浓烈的鲜血，这伤的疼痛，血的腥气让她清醒了，情丝斩不断，理还乱，别是一般滋味在心头。

一日，胡兰成与范秀美同来见张爱玲。张爱玲见范秀美生得貌美动人，便说要为她作画。可是画着画着，手中的笔在纸上就怎么也走不动了。

范秀美走后，胡兰成一再追问张爱玲为什么。张爱玲说："我画着画着，只觉得她的眉眼神情，她的嘴，越来越像你，心里好一惊动，一阵难受，就再也画不下去了，你还只管问我为何画不下去！"

也许，于胡兰成而言，张爱玲的怀抱并非是他随时准备回归的港湾，而不过是他流浪的身体疲累之时，暂且依靠的站点。至于他的灵魂，一直在路上，至于他的爱情，不属于小周，不属于范秀美，亦不会属于张爱玲。如果说，张爱玲爱的是爱情，那么胡兰成，也许从来都只爱他自己。

张爱玲说："你说最好的东西是不可选择的我完全懂得，但是这件事还是要请你选择，说我无理也罢。我倘使不离开你，亦不致寻短见，亦不能再爱别人，我将只是萎谢了。"

这般拳拳挚语，出自人生飞扬的张爱玲之口，听者无不动容，只是她说给了一个不值得的男人听，胡兰成能做的只是顾左右而言他，搪塞道："我待你，天上地下，无有的比较，若选择，不但于你是委屈，亦对不起小周。人生迢迢如岁月，但是无嫌猜。按不上取舍的话。而昔人说修边幅，人生烂漫而庄严，实在是连修边幅这样的余事末节，亦一般如天命不可移易。"

此时，张爱玲才如梦初醒，她终于明白，这个男人终究是担负不起爱情的责任的，他给不起她想要的答案。张爱玲哽咽着问胡兰成："你与我结婚时，婚帖上写的现世安稳，你不给我安稳？"

这是张爱玲第一次责问他，也是唯一一次。可胡兰成却只说世道易变，一味搪塞。这一次，他把张爱玲伤得千疮百孔。这场旷世的倾城之恋轰然崩塌了。小说《心经》中，许太太对小寒说："人活在世上，不过短短几年。爱，也不过短短的几年。由他们去罢。"

当心高气傲的张爱玲将世间男女之情的华丽外衣剥去，还原这苍凉的原貌，谁承想，这苍凉终有一天会在作者身上应验，她最终也沦为团扇见弃的境遇了。

徘徊了二十几日后，在春雨淅沥的江南某日，张爱玲满怀着难言的酸楚，雨中登船，心事重重地离开了温州伤心地。几天后，一封从上海寄来的书信辗转来到胡兰成手中："那天船将开时，你回岸上去了，我一人雨中撑着伞站在船舷边，对着滔滔黄浪，立涕泣久之。"

高冷如她，终究还是哭了。竟还是为了胡兰成这样一个男子，对着滔滔江水，泣不成声。

一九四六年四月，胡兰成在温州躲居的住处被发现，无奈之下，他只能重新折回老家。偏巧此时的范秀美怀孕了，作为斯家曾经的姨太太，怎能容忍范秀美在家中生育别人的孩子，可胡兰成又无意将范秀美带走，思来想去，便给张爱玲和侄女青芸写了张纸条，让她去上海找医院。

青芸见到范秀美后，便立即带她住进了旅店，第二日又帮她安排医院。只是青芸的经济条件也是有限，两个人居然拿不出一百元的手续费。无奈时，青芸只好拿着胡兰成的字条去找张爱玲。

张爱玲得知此事后，不置一言，从抽屉里取出一只金镯子，对青芸说，"当掉吧，给范先生做手术。"对于一个连自己女人堕胎费都支付不起的男人，她还有什么好说呢？只怕此刻只剩心如死灰，对这个风流浪子再也不敢抱有任何奢望。

八个月后，胡兰成有机会途经上海，夜里便在张爱玲居处留宿一夜。二人面对面地坐着，竟生出恍如隔世的陌生感，昔日里你侬我侬的温存感早已不见。不知是胡兰成隐藏得太好还是心态乐观，坐在那里开始回忆与范秀美相识的场景，张爱玲只是沉默地听他絮絮叨叨。

后来，胡兰成又问她有没有看过他为小周护士写的《武汉记》，原本静坐的张爱玲实在忍无可忍，淡淡开口道："看不下去了。"

说完此话，她便起身离开，独自回房休息，貌合神离的两人第一次分居了。次日清晨，胡兰成去张爱玲的床边道别，俯身吻她，她伸出双手紧紧地抱着眼前这个曾经深爱过的男子，泪水涟涟，仿佛永生便不再相见似的，哽咽中她只叫了一句"兰成"，便再也说不出半字。

胡兰成说："这是人生的掷地亦作金石声。我心里震动，但仍不去想别的。"也许，他早已习惯暂居—离开—暂居—离开的生活模式。然而这一次，张爱玲也想做到"不去想别的"。是的，那个曾经深爱的胡兰成，将要随着这泪水一起埋葬。这场倾尽所有却令她身心俱疲的爱情，在张爱玲这一声撕心裂肺的叫声中缓缓地画上了句号。

命中天意，此一别即永别。这就是她与他的最后一次见，此生再无相见。

爱时的谦卑柔顺，别时亦不肯舍情弃义，一沓稿费辗转千里送达胡兰成手中的时候，不知无情之人作何感想。信中张爱玲说，自己会尽量节省来周全他的生活，让他不要忧念。纵然人无情，爱玲也从来不肯悲天悯人，或是怨天尤人。

从甜蜜的爱情温室乍一走到这冰天雪地，她也将坦然了。原来的那股子凛冽的贵族气又重新激发起来了，那傲视世界的姿态让人重新审视这个经历过爱情洗礼的女子。

张爱玲是个至情至性之人，亦是聪慧明智之人。在她的爱情信条里，忠诚与自由从来都不是相驳相悖的概念，而是不可动摇，相生共济的原则。后来，胡兰成来信向张爱玲描述邻妇来他灯下坐语的暧昧情景，似乎想表现他的洒脱。对此，张爱玲回信："我渐渐要不认识你了。"她对他的失望正在一点点积攒着，等待着最后的迸发。

一九四七年六月十日，她知道他已经脱离险境，终于给他写了一封信："我已经不喜欢你了，你是早已不喜欢我了的。这次的决心，我是经过一年半长的时间考虑的，彼时唯以小吉故，不欲增加你的困难。你不要来寻我，即或写信来，我亦是不看的了。"

信中的小吉，是小劫的隐语。待到胡兰成走出阴霾之际，她才幽幽地寄来这封短信，无论分与合，恩与怨，张爱玲始终不愿做那个落井下石之人。随信而至的还有她新近写电影剧本所得的三十万稿费，虽然张爱玲的手头已然钱银干涸了。有谁知，如今这凛冽决绝的绝交信，背后浸透了一位痴情女子怎样的悲辛血泪？自此之后，爱玲彻底斩断了自己的这一段情缘——她一生唯一一次全身心投入的苦恋。

这场旷世的苦恋留给张爱玲怎样的心酸与伤痛，我们不得而知，这个坚强的女子，向来不愿将此段往事与外人道。倒是胡兰成，多次在自己的书中为自己辩驳。爱玲一生著述，却从未直接就此谈过只言片语，她用缄默的方式埋葬了这段逝去的恋情，让一切都消失在寂寞之中，这也是对这段爱情最好的尊重和怀恋。

"我们是一个爱情荒芜的国家。"滚滚红尘里的这段情缘，就这样随风而去。她固执地转过身，毅然地挥手告别过去，任谁也看不见飞扬恣肆里的那抹悲凉的泪水。

乱世之中，流离之间，冷眼旁观。这为情所惑的单纯女子与这朝秦暮楚的多情男子，不过是在演绎着红尘世间最庸常的爱情聚散，情义别离。

第七章

宛如涅槃：淅沥流年也有静默芬芳

默 然 以 对

一九四六年底，黄逸梵回国了。远远望去，张爱玲瘦得吓人，这么多年过去了，她在母亲面前依然拘谨，仍紧张得像个孩子。

作为母亲的黄逸梵已经知晓了女儿与胡兰成的事情。她滔滔不绝地说着，教育着她，张爱玲缄默着。她一向是最怕面对母亲的，在生命最神秘的地方，在母亲身上看见与之呼应的最熟悉的身影。

只见黄逸梵的嘴唇一张一合，此时，自己也许只需恭敬顺从地听着吧，总不能说她无理。她向大镜子里望了一眼，黄昏的余韵在小小的屋子里氤氲出烟熏色的金黄，就在那一刹那，她觉得镜子里精致的五官对彼此有一种恰到好处的依赖。

时间总是站在自己这边的，胜之不武。

张爱玲毕竟是张爱玲。她曾在《忘不了的画》一文中谈起高更画作《永远不再》中那个夕阳残照下的夏威夷裸体女人：

想必她曾经结结实实恋爱过，现在呢，"永远不再"了。虽然她睡的是文明的沙发，枕的是柠檬黄花布的荷叶边枕头，这里面有一种最原始的悲怆。不像在我们的社会里，年纪大一点的女人，如果与情爱无缘了还要想到爱，一定要碰到无数小小的不如意，龃龉的刺恼，把自尊心弄得千疮百孔，她这里却是没有一点渣滓的悲哀，因为明净，是心平气和的，那木木的棕黄脸上还带着点不相干的微笑。仿佛有面镜子把户外的阳光迷离地反映到脸上来，一晃一晃。

心病难治，情伤难愈。与胡兰成分手后，张爱玲未必能真正做到心平气和，但是她决意挥别那些自尊被恶劣践踏的卑微岁月。爱时轰轰烈烈，别时一刀两断，胡兰成后来曾通过炎樱带话给爱玲，"几次三番思想，想去又不能去"，张爱玲却狠心坚持，再也没有回信，果决干脆，义无反顾。

从一九四四年到一九四六年，这断断续续的两年里，大半段时间他们都被相隔两地，初恋时的如胶似漆，到后来的咫尺天涯，这是一段不能简单地用幸或者不幸来形容的婚姻。

细想起来，胡兰成与她笔下范柳原、佟振保一流的男子毫无区别，在他们看来，女人如工具罢了，欲比情更甚。张爱玲，这个风华绝代的女子，经历过这样一场爱情的浩劫后，最终用无言的沉默为这场感情收结。忽想起她十七岁时曾写的那句话：最恨——一个有天才的女子忽然结了婚。

与胡兰成话别后，张爱玲便搬离了上海的住所，待到他再去寻她，已然物是人非，没了人迹。

她这一生，一直都在舍弃，舍弃任何以践踏自尊而换取的东西——舍弃父亲的财富，母亲的规划，道德的束缚，最初的爱恋……甚至对于情人的祈求回头，她也不肯放出一点一滴的怜悯，唯有她自己，孤独的自己才是她始终拥有的。

放弃的过程是惨淡而悲痛的，放弃的不仅是拥有之物，更要放弃之前历经的那些曾经拥有过的热烈和美好，她不肯在乞讨的爱情面前委曲求全。

她在《自己的文章》中曾写道：人生的安稳一面有着永恒的意味，以人生的安稳做底子来描写人生的飞扬。生命的喧嚣渐渐归于沉静，默然以对岑寂的夜空，沉默是离别的笙箫。

五十年后，张爱玲已经离开中国大陆去了香港，恰巧此时与胡兰成交往最密的日本人池田笃纪去香港，胡兰成嘱托池田去看望张爱玲，后辗转未能成功。

半年之后，张爱玲的明信片跨过大半个中国漂洋过海来到胡兰成的眼前，不写抬头，没有署名，只是寥寥几行："手边如有《战难和亦不易》《文明与传统》等书（《山河岁月》除外），能否暂借数月作参考？"后附上她在美国的地址和姓名。

历经大半个世纪的沧海桑田，曾经的挚情暖语早已冷却，如今的他与她早已形同陌路，只是这浅浅的几句话，不知激荡起她心中多少冷暖心酸？

此时的胡兰成已经另择佳人，同臭名昭著的流氓汉奸吴四宝的遗孀余爱珍结为连理，几年未见，他一直以为自己难攀张爱玲的高枝，今日忽收到张爱玲的来信索书，又情不自禁地得意扬扬。

胡兰成像抓住救命稻草一般，立刻回了信，还附上新近的照片。等到《今生今世》的上卷一出版，他立即寄去，后又随奉上一封情意绵绵的长信，信中不乏妖撩之语。

此刻张爱玲的心已经沉寂了，再也不是那个青春懵懂情窦初开的翩翩少女，对于胡兰成的来信，她默然以对，一概不回，最后才写一短笺断他的念：

兰成：

　　你的信和书都收到了，非常感谢。我不想写信，请你原谅，我因为无法找到你的旧著做参考，所以冒失地向你借，如果使你误会，我是真的觉得抱歉。《今生今世》下卷出版的时候，你若是不感到不快，请寄一本给我。我在这里预先道谢，不另写信了。

爱玲

自始至终，她再也不肯再稍稍泻情，只是端着冷峻平淡的态度，跟他做着极普通的对话。骨子里的倔强又迸发出来了，那冷冷的语调把一切过往烟云都化为灰烬了。

那年她与他在茫茫人海中相遇，相知，相爱，她把他当作全部的生命来爱，而对于他而言，她不过是他的人生的过客。所有的美丽绽放过后，只将枯萎成一个苍凉的手势。

再忆起生命中那段刻骨铭心的爱恋，她从不否认这段爱情对于她的人生，对于她的写作的重要意义，也正是那段时间，那些曾经经历过的喜与悲，苦与痛，在她的笔下化作了一个个呼之欲出的形象，抵达了她文学创作的黄金高峰。

自此以后，她的笔调也冷了下来，淡了下来。对于爱情，按照她的性格自是无缘的了。在这种无爱的生活里沉淀了好几年，她用不动声色的悲凉话语告诉人们：人间无爱，至多只有一层温情的面纱。

与胡兰成作别后的生活是凄苦的，正值政治动荡，经济萧条，她的情感和创作都苍老退化了很多，此后的一段时间，张爱玲鲜有作品问世，只是幽居闲家，似乎把自己封闭起来了，静静地在舔舐情殇苦痛，接受"时间"这个最好的药剂师的疗伤。

人有悲欢离合，月有阴晴圆缺。生在这世上，没有一样感情不是千疮百孔的。她用一副看透了世界的眼光，冷静地展现社会与人生，无情地解构了红尘中痴男怨女们所谓的爱情神话。

红色转折

经历了人生的大转折，张爱玲的人生航向从此扭转了，她忽然老了几岁似的，眼神里越发得有些"千山鸟飞绝，万径人踪灭"的味道了。

她心上的疼痛忽然在《传奇》再版自序里吼了出来："啊！出名要趁早，来得太晚的话，快乐也不那么痛快……快，快，迟了来不及，来不及了！"在这慌里慌张的嘶哑里，充满了一种宿命的无奈。

有一件事，不得不承认，作为时代风浪上的掌舵者，爱玲的个人命运与国家民族的命运休戚相关，似乎永远处于一种微妙奇特的对立之中。

她素来不喜欢那故作庄严的"历史"，而"历史"却总是眷顾她。

一九三八年，抗日战争全面爆发，战火肆虐，一个又一个大城市在战火的蹂躏下陷落，一批又一批的流民积聚在逃亡的路上。那一年，她逃出了到处弥漫着陈腐浮躁气息的旧家庭，带着恍如重生一般的喜悦，纵身直奔崭新的天地。

一九四一年的冬天，香港陷落在一片流弹炮火的洗礼中。一场突如其来的战争粉碎了她的港大求学之梦，她第一次亲身感受到战争带来的改变，亦完成了她人生中苍凉的第一课。

一九四四年，中国正处于黑暗与黎明的交接之处。随着她的《流言》《传奇》的发表，一个接着一个奇迹蜂拥而至，发行仅仅四天，就创造了脱销的出版神话，此时的张爱玲不仅登上了她事业的巅峰，更迎来了她姗姗来迟的爱情。

一九四五年，经历过八年风雨沧桑，人们终于迎来了抗战的胜利。张爱玲的创作繁荣就在这一年消沉，萎缩。

"好像放电影断了片。"柯灵如是说。

她像一朵努力绽放光亮的烟花，在最为美好的年华里燃烧着生命，虽然一时彩光冲天，磅礴艳丽，然而毕竟此后难堪寂寞与孤单，短暂的创作风光，只衬出了今后半个世纪的辛酸冷落，沧桑悲凉。

抗战一胜利，张爱玲就陷入一种尴尬的处境之中。众多莫名无端的谩骂像碎纸片儿一样铺天盖地而来。关于政治的，关于私生活的，关于"吉普女郎"的讹传，更多是因与"胡兰成"的那段姻缘……

再回想起那场惊天动地的初恋，似乎是很久远之前的事情了。一切看似正在渐渐淡寂下来，可是谁知，胡兰成带给她的远远不止于此。

一九四五年，日本无条件投降，山雨欲来风满楼，她似乎已经预见到了："个人即使等得及，时代是仓促的，已经在破坏中，还有更大的破坏要来。"现在，作为汉奸胡兰成曾经的情人和妻子，内心保守千疮百孔的爱玲将要面临更多更大的有形无形压力。《女汉奸丑史》称"无耻之尤张爱玲愿为汉奸妾"，《女汉奸脸谱》则说"'传奇'人物张爱玲愿为'胡逆'第三妾"。

对于所有的一切，张爱玲依然保持了一贯的漠视和放达，只此一次，《传奇（增订本）》发行之时，在它的序言中首次打破缄默，浅浅地为自己讲了几句话：

"何况任何私人的事用不着向大家剖白，除了对自己家的家长之外仿佛我没有解释的义务。所以一直缄默着。同时我也实在不愿意耗费精神去打笔墨官司，徒然搅乱心思、耽误了正当的工作。但一直这样地沉默着，始终没有阐明我的地位，给社会上一个错误的印象，我也觉得对不起关心我前途的人。所以在小说集重印的时候写了这样一段作为序，反正只要读者知道就是了。"

在这漫无边际的流言堆里，她只是如同冷眼旁观者一般，静静地注目着，似乎一切都已置身事外了。盛名之累下，她的超然和淡薄反而惹得那些看热闹的人没得兴趣了，本想指望这位沪上奇女子飞扬跋扈一番，而这样一种态度显然是他们始料未及的。

也不能说，这样的一种社会环境对张爱玲此后几年创作的减产不无影响。

在这场红色风暴中，张爱玲的人生突然扭转大变，一时间，对于眼前这个世界，她是惶恐甚至陌生的，她的身份、她的思想、她的一切都必须追随着时代的角度前行，而这一切都需要过程的累积和时间的谅解。

这么多年，她就一个人在"孤岛"里流浪。

记得当时在上海主持文化工作的夏衍十分欣赏这位才女，有次指名邀请张爱玲参加上海的第一次文代会。一袭盛装旗袍打扮的爱玲一进会场便万众瞩目，她这才意识到此时自己已经置身于一片列宁装的海洋，她默然片刻，昂首走进了会场，依旧我行我素，这个骨子里流露着张扬气质的女子是不肯磨灭个性的。

无论是把握生活还是纵身社会，张爱玲的身心姿态是高昂的，更多的是对政治的免疫态度使她不愿跻身任何政治风暴之中。

比起战争、政治，她更愿把目光放在庸常的红尘男女身上。"人在恋爱的时候，是比在战争或革命的时候更朴素，也更放恣……真的革命与革命战争，在情调上我想应该和恋爱是近亲，和恋爱一样是放恣的渗透于人生的全面，而对于自己是和谐。"张爱玲在《自己的文章》中这样说道。

一滴水见世界，一朵花见天国。在这平凡安稳的生活里，张爱玲总能以独特的方式感知世界，将人性人情展现得淋漓尽致。也许这才是她的高标之处。

可是时代似乎是不允许的，在一片红色政治的高呼声中，她似乎成了最奇怪的那个了。不肯曲意逢迎，又无法昂然直行。矛盾、困惑、迷惘……她提笔，却再也找不到自己的位置。

张爱玲这才意识到，曾经沦陷的城市成就了她的爱情，她的传奇，而如今江山改易，一切都不再是当年熟悉的模样，洋场传奇的时代已经远去了！

曾经因为这不同凡响的"张爱玲体"（水晶语），张爱玲的前期小说如同海上花开一般灿烂，在沦陷的孤岛怒放了两年，可是，愈是开得灿烂的花朵，凋谢得愈是迅速。昔之繁盛与今之萎败，相比之下，更令人痛心唏嘘。"开着极大的花，像污秽的白手帕，又像废纸，抛在那里，被遗忘了？"

张爱玲一直"沉默"到了一九四七年四月，再回到文坛，带着她复出后的第一篇作品《华丽缘——一个行头考究的爱情故事》。经历过情殇的张爱玲只字未提与胡兰成的半点消息，只是拿了这样一部散文式小说静静地回忆着江南农村平静恬淡的凡人俗趣，然而恍惚之间，一股潮湿的伤感气息却无奈地氤氲在字里行间。

这篇文章仿佛是一种宣告，宣告了张爱玲的青春时代结束了，宣告了她历经沧桑、洗尽铅华呈素姿的蜕变。那文字里的冷峻、平稳与无奈是可怕的，令人心酸的是，这一年，她不过二十七岁。

在那之后，张爱玲的笔尖也稍稍地涉猎了战争文学的影子，只不过，那战争已经成了庞大而遥远的背景。

一九五二年，张爱玲终于离开了生她养她的上海，供职于香港的美国新闻处。当她再回首俯视那段历史，用她敏锐的双眼和细腻的敏感把这些经历化为笔下潺潺流淌的文字，她终于有机会客观地审视这个世界的真面目了。

对于那些左翼作家关心的底层生命，或是想要通过捐门槛升入天堂的祥林嫂，或是铤而走险的短裤党，或是饱受蹂躏的包身工，张爱玲对他们是抱有距离感的。她熟悉的是俗世男女的情感挣扎，命运斗争。

身处在那个时代，她是不可能回避得了政治的，只不过，殊途同归，她用自己熟悉的视角立场诠释了政治在她眼中的意义。

张爱玲的生命历程是不可复制的，如寒梅一般傲视人生的她，亦终将用自己的方式挥洒着生命的热情，谱写独一无二的生命传奇。

如 梦 的 荧 光

轰鸣作响的时代的列车浩浩荡荡地碾过，每一个人的声音都在其中湮没了。人一开口就震惊于这模糊的恐怖，不知道是自己的声音变成了时代的声音，还是时代的声音掌控了自己的声音，沉默、茫然，人们在观望着，踟蹰着……

在门外热火朝天的广阔天地下，屋里的张爱玲只平静安宁地守着自己的一方小天地。她是完完全全属于自己的，她是一个作家——张爱玲始终没有忘记这一点。

此时的她，已经跟父亲决裂已久，远在异国的母亲，也已经杳无音信。在上海，张爱玲只能跟姑姑张茂渊相依为命。淘淘旧书、看看电影，见了熟人也没有过多的寒暄应酬，只是报以淡淡的微笑。任外面的天地风雨飘摇，已然发生着翻山倒海的变化，但她们依然独守心中的那一份悠然惬意，自得其乐。

这样平静而美丽的日子大约持续了半年，在这样宽松自如的环境之中，张爱玲心中的忧思似乎在一点点宽散开来，可是，一直靠着在电影公司任职的姑姑的微薄收入生活，张爱玲颇有些寄人篱下之感，况且一人的工资要交付房租、水电、衣食等各种费用，实在有些捉襟见肘。

生存的压力使张爱玲不得不开始考虑友人一直推荐的商业性电影剧本写作。自幼便嗜看电影的她，一直对电影有着特殊的情缘，在走上职业写作之初，她也写过不少很好的英文剧评，不过对于电影剧本，这种新鲜的尝试倒是引起了她很大的兴趣。

新兴的文华影片公司为张爱玲戏剧才思的迸发提供了一个契机。当时文华影视公司的创办人之一是著名青年导演桑弧（李培林），他很想委托张爱玲为女星陈燕燕量身定制一部适合她的剧本，但众所周知，孤冷傲然的张爱玲不肯轻易出山，于是他周折百转，通过柯灵的介绍信，才正式登门拜访。

张爱玲思忖了片刻，她挺身站了起来："我写。"很快她就将新近完成的剧本交给文华公司，这个剧本正是后来风靡全国大名鼎鼎的《不了情》。

《不了情》是后来的张氏小说《多少恨》的电影版本，讲述了女家庭教师虞家茵与有妇之夫夏宗豫之间辛酸而波折的爱情。被生活割裂了的爱情与婚姻在张爱玲的笔下饱受理智与情感的挣扎。

张爱玲的这部电影处女作虽然难逃好莱坞爱情电影的俗套，可是在她的中国式恋爱的笔下，加上当时著名影星陈燕燕和刘琼的加入，一时间，获得热捧，卖座极佳，以致这部电影被誉为"胜利以后国产片最适合观众理想之巨片"。

于是桑弧再接再厉，邀请张爱玲再替文华电影公司创作第二部电影剧本。在好友的敦促下，她先后涉于《太太万岁》《哀乐中年》等众多作品，张爱玲与桑弧的三度合作，默契与灵感的火花使编和导的界限越来越模糊，这也成就了这对艺术搭档的最后灿烂。

这两部电影——《不了情》和《太太万岁》也成为张爱玲在中国大陆创作的为数不多的两个电影剧本。当她再次涉足电影剧本的写作时，已是十年之后了，那时候她人在美国，为生计所迫才替香港的电懋影业公司执笔，那已是后话。

不可否认的是，这两部电影公映，票房很是可观。也正是那时，张爱玲收到编剧撰稿的报酬之后立即给远在温州的胡兰成寄去三十万，同去的还有那一封分手信，终结了他们持续了三年的婚姻关系。

时光流连忘返，现在想来，那似乎是很久很久以前的事了。

在电影的拍摄制作过程中，张爱玲结识了不少电影界的朋友，与他们在一起，一直将自己封闭在无边际黑暗之中的张爱玲感到些许温暖的光亮，她变得稍稍随和亲近起来了。

有次她跟龚之方说："我要向你学习上海话。"龚之方很诧异，反问道："我们日常都不是说的上海话吗？"她回答："我对上海话研究过，有的词汇，有些发声，很有魅力，你的一口上海话接近这个标准。"

看她这般自然易近，龚之方也放开来。拿了当下流行的八卦绯闻追问她，与她天南海北谈说一阵之后，便夸赞她与桑弧堪称佳偶天成，郎才女貌，顺势想要撮合这对有情男女，张爱玲听罢略感诧异。据龚之方回忆："她的回答不是语言，只是对我摇头、再摇头和再三摇头，意思是叫我不要再说下去了，不可能的。"

一个披着厚厚的铠甲生活的人，常不肯轻易与人亲近的，更何况爱人了。如若爱上人就必然全身心地付出，就是完全没有自己了。当年与胡兰成的那一纸诀别言："我将只是萎谢了。"纵然胡兰成已经从她的生命中渐渐消失，但是这份爱情留给自己的挫伤实在非时间所能治愈。至于桑弧，虽然才情可人，可是拘谨内向的他终不是张爱玲的知音。

此时的张爱玲，虽然锋芒低掩，却仍然逃不出左翼文学的"图解"。一九四八年因为《太太万岁》等影片，她还遭到了左翼作家的猛烈抨击，有人在报纸上骂道："寂寞的文坛上，我们突然听到歇斯底里的绝叫，原来有人在敌伪时期的行尸走肉上闻到 High Comedy 的芳香。跟这种神奇的嗅觉比起来，那爱吃臭野鸡的西洋食客和那爱闻臭小脚的东亚病夫，又算得了什么？"山雨欲来风满楼。

"现代的知识分子谈意识形态，如同某一时期士大夫谈禅一般，不一定懂，但人人会说，说得多而且精彩。"（《论写作》）在张爱玲的眼里，空喊口号，艺术粗糙的左翼文学家自然也是难入法眼的。她觉得他们总是在毫无艺术感地图解人生，缺乏对人生透彻的体悟而空谈主义。终究而言，"阶级斗争"成了他们最后亮出的底牌。

中途母亲黄逸梵曾多次劝她继续完成港大未就的学业，张爱玲这时已经很清楚自己要走的路了，她语气坚定："我对念书已经没有多大兴趣了！"

她心里清楚，此番母亲出国，不过是靠着之前的两大箱古董变卖过活，姑姑收入有限，父亲家里也不再宽裕，家里再没有能供应自己学费的经济来源了！

内战的风暴肆虐地席卷着中国大地，内心的苍凉使她与时代周旋的力量越来越弱。《不了情》《太太万岁》等短暂的电影创作黄金期过去后，张爱玲的写作生涯又归于平静。一九四八年、一九四九年两年间她没有发表任何作品，只是独自默默地写着，唯有自己是唯一忠实的读者。

收入的枯竭使她的生活也陷入拮据的不堪境地。事实上，一九四七年前后，张爱玲与姑姑不得不搬出设施较为奢侈的赫德路公寓（胡兰成、周瘦鹃初去她们的公寓时，都对那种典雅高贵的气氛甚为赞叹），搬到房租较低一等的卡尔登公寓（今长江公寓）三〇一室定居下来。

往事如烟，时光轻轻地碾过记忆，日子就这样悄无声息地溜走了。

往事旧，风满楼

还记得张爱玲在《金锁记》开头的那段描写：

三十年前的上海，一个有月亮的晚上……我们也许没赶上看见三十年前的月亮。年轻的人想着三十年前的月亮该是铜钱大的一个红黄的湿晕，像朵云轩信笺上落了一滴泪珠，陈旧而迷糊。老年人回忆中的三十年前的月亮是欢愉的，比眼前的月亮大、圆、白；然而隔着三十年的辛苦路往回看，再好的月色也不免带点凄凉。

一个长焦镜头把人的思维拉回到遥远的从前，记忆在光阴里舒展绽放，这是灵慧的张爱玲所擅长的。在她的笔下，看似看到的都是往前的故事，别人的故事，而唯有她自己在品味着，怜惜着故事之中孤独的倒影。

从张爱玲的生命之树在中学时生出嫩绿嫩绿的毛芽儿，到正当年时在上海洋场名震四海，经历家庭的变故，爱情的挫折，一路随着时光车轮缓缓而过，一切越发显得充满激情和灵幻。

"张爱玲"三个字，已经成为那个时代的标志。她曾经说过："生命是残酷的。看到我们缩小又缩小，怯怯的愿望，我觉得总有无限的惨伤。"

彼年豆蔻，谁许谁地老天荒；而今风霜，缘浅情深何人郎。在张爱玲的生命里，仿佛热闹都是他们的，与她无关。

人一生虽是漫长，却也是弹指一挥间。不停地遇到新的人与事，不断地与旧人旧事告别再见。缘来相聚，寂然欢喜，缘散人离，默然不厌。她一直是不喜欢在人生十字路口徘徊的，这种置身于大庭广众之中的接受审视的感觉，让人有些不自信且没有安全感；她亦不愿逆着自己的意愿追随所谓的"大流"，戕害个性的做法是她最痛恨的。无论是面对爱情的抉择，还是在政治面前的独当，她都在展示着"张爱玲式"的风采。

所以她在坚守着自己的羊肠小道，哪怕她明知前方是血雨腥风，一人难当。记得与母亲最后一次见面时的促膝长谈："我自己挑了难路走，但愿你能享福，结果你也挑难路走，还更难！"母亲的话果然是应验了。

张爱玲本可以安安稳稳地在父亲的强权下做一个乖巧听话，不愁吃穿的"小公主"，可是她选择了逃离魔爪，她本来可以一切按照母亲的意愿装扮成她喜欢的样子，可是她知道那不是她想要的，她亦不肯蒙住双眼，乞讨恋人的施舍的爱。

那个浓墨重彩的家族带给她的并非荣光和辉煌，而是牵绊，只有颓唐的后裔和无尽的苍凉。她是独立的个体，她是为自己活着的。

不止一个人说过张爱玲有"自恋"情结，胡兰成也说过她是"民国世界临水照花人"，对于自己的作品，她更是舐犊情深了。张爱玲以前曾经说过：别人的评论不管说得有无道理，只要说我好我就喜欢，说我不好我就反感。别人夸赞我的文章，或是冒昧地写信来崇拜她，我都剪存收藏。真是率真到幼稚的地步。可是细想起来，这又确实是张爱玲的本色，外人无法动摇的真实一面。

半只脚跨入了新时代，另外半边身子却始终不愿离开洋场里的老上海梦，现代性的内涵与古典美学素养相得益彰。在全民政治高潮的年代，像张爱玲这样的作家定然是饱受非议的。

男欢女爱的文字在那时被贬为靡靡之音，张爱玲是不肯为了这些声音扭曲自己的。她对纯文学和俗故事并举，就是这种思想的表现，这样的"纯文学"才能经过生活经验的打磨历练，而世俗的生活也才有飞扬的传奇。"雅俗共赏"四字用在张爱玲的作品上是最适合不过的了。

在张爱玲大红大紫之后，四十年代的上海掀起了疯狂的"张迷"热潮，上海的"张迷"们曾经逐渐聚拢形成了一个有趣的流派，就叫"张爱玲派"。迷恋她的青年们专门揣度她的写作技巧笔法，模仿她的风格，作者多是中等阶级出身的大学生，所以也被戏称为"少爷小姐派"。

不过，随着时代的改易，张爱玲创作的减产，这些松散的派别在四十年代的"张爱玲热"渐渐冷却后，也消失得无影无踪，连张爱玲自己都在变，何况是这些"少爷小姐"们呢？

第八章

归去，归去：
　　春逝

十八春，半生缘

在新中国蓬勃朝气的新生时代，崭新的社会给饱受战乱摧残的人们带来了崭新的希望，雄雄壮志随着红色火焰的燃烧，越涨越高。

此时，张爱玲身边的朋友都纷纷地投入新生社会的大潮中，著名编剧桑弧在与张爱玲合作之后，又将鲁迅的《祝福》搬上了荧幕。一九四九年六月，当年上海的左联戏剧家夏衍带着解放军的臂章随着陈毅进驻上海，负责接管上海的国民党文化教育系统，一九四九年七月，曾与张爱玲有过亲密合作的出版人龚之方与唐大郎又兴致勃勃地合办创刊《亦报》，不久夏衍又改组旧的《世界晨报》，取名"大报"……

是的，张爱玲也是一个作家，面对好友的竞相约稿，盛情难却的张爱玲自然蠢蠢欲动，不得不拿起停搁了一年的笔，重新走进门外徘徊良久的文学世界。门外的风景会有所不同吗？

一九五〇年三月起，张爱玲开始在《亦报》上连载长篇小说《十八春》，这也是张爱玲的第一部长篇小说，到次年二月连载结束，全文二十五万字。将近一年的创作，加之后来她对小说做了大量的增删改写，又由《亦报》社以"梁京"之名出了单行本。

张爱玲一生只用过一个笔名，这个笔名就是她在《亦报》上连载《十八春》时候所用的：梁京。这个聪智的女子怎能轻易用此笔名？

坊间内外揣测甚多，有自称聪明者推断"梁京"二字为"凉""惊"二字谐音，暗含了作者对于"左"派政权既"心凉"又"身惊"的惶恐不安的心态。实则"梁"是借"玲"的声母，"惊"是借用"玲"的韵母，为避政治顾虑，如是而已，并无深意。

张爱玲的《十八春》在连载之际，颇具张恨水小说的风范，标为"名家之作"却名字甚生，一时众生议论，甚嚣尘上。

对于《十八春》，《亦报》花了很大气力来包装。小说还未见报，《亦报》已经提前三天预告，隔一天，又刊登出"叔红"（桑弧的化名）盛情推荐这部小说。

小说连载到一半时，唐大郎故散疑云，又抛出一篇署名为"传奇"的猜谜文章，称根据小说名字和行笔文风，断定作者"梁京"不是徐讦便是张爱玲。以"传奇"做题名，似已有所暗示，这种欲说还休、千呼万唤始出来的营销策略果然取得了相应的效果。

张爱玲的书名都十分有趣，从《倾城之恋》《金锁记》到《传奇》，一切似乎都有些超脱字面之外的深意。《十八春》，大家都满以为无非是说世钧和曼桢是相隔十八年之后再相见，很少有人探究其背后之意，不过在陈辉扬的《梦影录》之中谈到的一点启发性意见，似乎是看出了张爱玲不一样的心理：

可细寻根底（柢），便发觉十八春原是传统京戏《汾河湾》中的唱词，这出戏叙述薛仁贵与妻子柳迎春分别十八载，蓦地重逢，仁贵却怀疑妻子有私情，且误将儿子丁山射死，在相见前，仁贵唱[西皮流水]：

前三日修下辞王本，特地回来探望柳迎春；我的妻若还不肯信，来来来算一算，算来算去十八春。

一般人认为柳迎春守得云开见月明，其实她的青春已毁在一个自私的男人手上。《十八春》里世钧算来算去算出他和她第一次相见是在十八年前，他正是薛仁贵的影子，他在感情上的怯懦和自私扼杀了曼桢一生最好的时光。

——陈辉扬《〈十八春〉的传奇》

在张爱玲感情受挫，创作低潮的一九四五年到一九四七年，《十八春》承载的不仅是一个故事的历史向度，更是张爱玲受伤情感弥合的抚慰。这样看来，《十八春》的题目又为我们开掘了小说的另一重内涵，在张爱玲对旧爱寄托了终生之情外，还暗含着对男性自私的责怪怨怼之情。

所以不得不怀疑，经历过那场痛彻心扉的苦恋之后的第一部小说中，影影绰绰地残留着作者对过往情愫的所思所感。事实上，张爱玲是把自己生活中的情感投射到书中的任何一个她想寄托的人物身上去了。

对张爱玲自己来说，在《半生缘》中的众多改动已经消解了很多原有在《十八春》中直接对男性的自私批判，尤其是《十八春》的封闭式结局开放为《半生缘》中的未知结局，在时间的过滤下，世钧和曼桢再次相逢时情感洋溢的笔墨也变得放开来，而不像《十八春》那样空有"一部相思难说起，尽低鬟默然坐空长叹。追往事，寸肠断"的低吟了。

在时隔多年之后，身在美国的张爱玲重新改写《十八春》，重命名为《半生缘》，有些话经过岁月的沉淀越发显得沧桑了。在书中，她这样说："也许爱不是热情，也不是怀念，不过是岁月，年深月久成了生活的一部分。"

爱情终究是一个行头考究的人间神话。一个人真正沉浸在爱情中的日子是短暂的，对爱情的向往却是长久的。流年似水，命途多舛，那些曾经刻骨铭心的爱，在张爱玲笔下、心里正慢慢化作一抹淡淡的记忆；那些曾经撕心裂胆的痛，如今轻如飞絮……

善良温柔的小家之女顾曼桢内心敏感而执着，偶然机会结识了世家子弟沈世钧，互有好感的两人正沉浸在浓浓爱意之时，突然而至的意外，让曼桢和世钧自此天人相隔。

一方面世钧因父亲急症发作不得不返回南京；另一方面姐姐曼璐为了拢住丈夫的心陷害妹妹，曼桢误落入姐姐亲自设下的圈套，惨遭姐夫祝鸿才强奸，并被幽闭在姐姐家中直到生下孩子。

一段情就此音信全无。十八年后，两人再次相遇，韶华已逝，蓦然回首萧瑟处，一切已然物是人非，有情人终不得眷属，只留下各自唏嘘叹惋。

　　……他们很久很久没有说话，这许多年来使他们觉得困惑与痛苦的那些事情，现在终于知道了内中的真相，但是到了现在这时候，知道与不知道也没有多大的区别了。

　　不过……对于他们，还是有很大的分别，至少她现在知道，他那时候是一心一意爱着她的，他也知道她对他是一心一意的，就也感到一种凄凉的满足。

在熙熙攘攘的时代大潮中，张爱玲在其中不自主地被推搡着前进在大时代里找到一点点可以让她容身的缝隙，是极不容易的。尽管文代会这种形式的"洗脑"对她来说毫无用处，但不可否认，张爱玲在《十八春》的连载后期，不得不顺着形势给这个苍凉的故事加上一点保护色。

结尾时，主人公迈着看似轻盈的脚步跨过新时代的门槛，在对往昔的深切眷恋悲戚和对未来的茫然憧憬中告别了读者。

世钧与翠芝虽为夫妻，生儿育女，可是他们的心都各有所属，翠芝心底的意中人是丈夫好友叔惠，而世钧心中永远存着曼桢的影子。十八年蹉跎的不仅是时间，更是一代人的幸福。在宋淇编写的《张爱玲语录》中有这样一句话，用来形容《半生缘》里的人物最贴切不过了："所有可恨的人，细细探他的内心，终究不过是可怜人。"

命运，曾经凭借着其无可抵抗的力量，编织了一张多么瑰丽多姿的画卷，待到人接近它时，才无情地亲手将它撕毁。

"是她说的，他们回不去了。他现在才明白为什么今天老是那么迷惘，他是跟时间在挣扎。从前最后一次见面，至少是突如其来的，没有诀别。今天从这里走出去，却是永别了，清清楚楚，就像跟死了的一样。"（《半生缘》）

《半生缘》把张爱玲那种精致婉转，余韵悠长的语言特色展现得淋漓尽致，宛如一幅细腻柔媚的工笔画，颇有清水芙蓉的架势。她的文字是总能够拨动人内心深处最敏感的弦音。洗尽铅华、略带感伤的笔调，缓缓地描摹着在时光熏染下的深沉不了情。

曼璐为了妹妹牺牲了整个青春，却为了抓住所谓幸福的最后幻影，出卖了妹妹曼桢的一生，世钧深爱着曼桢，却情深缘浅，她只能怀着自杀般的心情嫁给祝鸿才……

在《半生缘》中展现的不仅仅是可望不可即的爱情悲歌，更有悲凉入骨的亲情私情。当曼桢意识到最疼惜自己的亲姐姐竟然是强暴自己的同谋时，疯狂中打了曼璐一耳光，可是就在这一刹那，曼桢倏忽间想起曼璐以往的种种好处来，她究竟是恩人还是仇人，连自己也分不清了。

这种仇恨中的恩情，夹杂着恩情的仇恨，才是最可怕的，道尽了亲情残酷，却又情缘难尽的悲凉，正是人生中苦涩难言的"入骨的悲凉"。

不知张爱玲在写下这样残酷的文字时，是否想起了曾经在《私语》中详细描述过的被监禁的感受：

"我生在里面的这座房屋忽然变成生疏的了，像月光底下的，黑影中出现青白的粉墙，片面的，癫狂的"，"那时候的天是有声音的，因为漫天的飞机"。

"我希望有个炸弹掉在我们家，就同他们死在一起我也愿意"，"唯一的树木是高大的白玉兰，开着极大的花，像污秽的白手帕，又像是废纸，抛在那里，被遗忘了，大白花一年开到头。从来没有那样邋遢丧气的花"。

正如夏志清先生在"序文"里提到的："她的小说都是非个人的，自己从没有露过面，但同时小说里每一观察，每一景象，只有她能写得出来，真正表达了她自己感官的反应，自己对人物累积的经验和世故。"张爱玲在《半生缘》里看见的是自己，是过往的记忆。

去 留 成 惘 然

熟读张爱玲的人都知道张爱玲的长篇小说《半生缘》是由长篇小说《十八春》改写的。可是或许很少有人知道《半生缘》有段时间也叫《惘然记》。

如同其他优秀的通俗小说一样，《十八春》虽然不获批评家的好评，却深受读者的青睐。小说一经出刊，很快在上海引发"梁迷"高潮，一如当年《传奇》般洛阳纸贵。

叔红（桑弧）在《亦报》上发表的《推荐〈十八春〉》，对《十八春》有着比较中肯的评价。桑弧在当时与张爱玲的交情非同一般，对于她的态度和甘苦比较了解，其议论大体上也是她可以接受的。

她即使写人生最黯淡的场面，也仍使读者感觉到她所用的是明艳的油彩。因此也有她的缺点，就是有时候觉得她的文采过于浓丽了，虽然这和堆砌的不同，但笔端太绚烂了，容易使读者沉溺于她所创造的光与色之中，而滋生疲倦的感觉。梁京自己也明白这一点，并且为这苦恼着。

当《十八春》走进人们的阅读视野的时候，其中真实而惨痛的生活原貌深深吸引也震惊着大批读者，一个大作家对于人性的描摹竟到了如此袒露高超的程度，绝非一般人能企及。此时的《十八春》比起《传奇》更容易走进社会中下层普通民众的生活，甚至于无形中鼓励读者采用"投入"式读法。不少"梁迷"天天来找《亦报》要报纸，迫不及待想要知道故事的发展结局，与人物同哭同笑，同喜同悲。

曼桢的悲剧人生牵动着每一个读者的神经，引起了当时甚为惊人的逸闻。当连载到曼桢在曼璐的陷害下被祝鸿才奸污的时候，一位胖太太气愤至极，忍不住把报纸狠狠地摔到桌上，大叫"气死我了，气死我了"，声称要找梁京，"恨不得两个耳刮子打到梁京脸上！"当着别人的面，这位胖太太边跺着脚边愤慨道："梁京不应该用这样悲惨、残酷、丑恶的事来博得读者的感动。"她说她不知道曼桢以后怎么活下去，说着说着，呜呜地大哭起来。（陈子善《〈亦报〉载评张爱玲文章辑录小引》）

在张爱玲以前的确没有一个人像她那样孜孜致力于女性的真实而骸骨的悲惨命运写生，就连张爱玲自己也没想到这篇小说居然在当时引起那么大的轰动，或许写作的时候把以往几年积压的感情全都倾注到其中了吧。

据说当时还发生了另一件令人哭笑不得的事情。有位女读者通过报社打听到《十八春》作者"梁京"的家庭地址，沿路找到张爱玲所住的长江公寓，声称读罢小说后不能自已，放声大哭，坚称自己就是小说的曼桢，想要见一见张爱玲的真面目。张爱玲吓得不知如何是好，只得央求她姑姑出面劝说。

面对一时如烈焰般疯狂的读者热潮，《亦报》也遭受了铺天盖地的读者来信的洗礼。有的要求作者对曼桢行行好，"笔下超生"，让善良而不幸的曼桢"坚强地活下去"，有的呼吁张爱玲非要把祝鸿才和顾曼璐这对狗男女枪毙不可。面对这些可爱的读者的善举，报社也无能为力。

眼见着墙边的来信愈来愈多，桑弧只得代表作者表示，"作者也没有权利使一个纯良的女性在十八年后的今天的新社会里继续受难"，并提前向读者透露，故事的最后结局不是很惨。小说的反响如此巨大，实在超乎编者、作者意外，此后，还特意组织了一次"与梁京谈《十八春》"座谈会，张爱玲亲临现场并做了发言。

《十八春》的成功鼓起了《亦报》编辑的进一步热情，《十八春》还未完毕，另一部中篇小说已经在酝酿中了，就是在这种强大的读者号召力的带动下，一九五一年，《小艾》就在《亦报》上连载了。

以前曾有朋友问过张爱玲："无产阶级的故事你会写吗？"

她想了一会儿，说："不会。要么只有阿妈她们的事，我稍微知道一点。"

在她的思想里，对于"无产阶级"这一类的政治概念是模糊的，这本就不是张爱玲熟悉的对象，只是把自己笔下熟悉的"小艾"们权且拿来作为政治气象的晴雨表。

《小艾》被视为"张爱玲政治立场和思想倾向彷徨期的作品，也是她守不住早期文学方向的彷徨时期产物"。（《再读张爱玲》）被卖到席家的一个姨太太那的婢女小艾，在十几岁时候便被男主人席家老爷席景藩强奸怀孕，被得宠但不生育的姨太太发现后又惨遭毒打流产。后来幸而能与排字工人金奎相爱结婚，在飘摇的风雨中患难与共，挣扎前行。最后小艾真心地感觉到世道易变，想象着她的孩子将迎来"不知道是怎样一个幸福的世界"。

一叶知秋。在命运悲惨的小艾身上，见证了一个国家的时代变迁。曾经那一副副"空心"男女的浮世绘相似乎变得有些接地气的暖意了。一面是身处旧社会面对专制者们的委顿生命形态，一面是在新社会里充满希望的光明未来，新旧对比之下的政治意义不言而喻，或许张爱玲终究是没准备好的，在这样仓促的笔调下，有些内容自然就显得分外生硬且突兀了。

故事结尾，小艾进入新中国成立的新时代以后，在旧时代落下的病根儿似乎都解决了——治好了病，生了儿子，也有了正式工作，小艾似乎完全脱离了旧社会带来的阴影，走向一个崭新的明媚的结局：

"但是她知道她不会一辈子住在阁楼上的，也不会老在这局促的地方工作，新的设备完美的工厂就会建造起来。宽敞舒适的工人宿舍也会造起来，那美丽的远景其实也不远了。她现在通过学习，把眼界也放宽了，而且明白了许多事。"

在张爱玲的作品中，突然出现这种乐观、光明的调子是让人吃惊的。这样的文字太不像"张爱玲"了，到了小说后半段似乎毫无违和地完全融入当时那些被政治屠宰过的红色文字之中了。

有人说这是张爱玲的无奈，有人说这是张爱玲对于当时主流文学的莫大讽刺，或许没有人看到在写《小艾》时作者的心情了。

《小艾》在《亦报》连载，自一九五一年十一月四日起至一九五二年一月二十四日止。《小艾》连载的结束，同时也意味着张爱玲的某个创作阶段结束了。

如果当时张爱玲没有写《小艾》，不知她的人生道路会不会有所改变。

在成形的历史面前，任谁也无权说如果的。是的，张爱玲当然明白这一点。在《十八春》和《小艾》连载之际，张爱玲便开始酝酿另一项秘密的计划。这计划在她的亲人当中也所知甚少。有一次，弟弟张子静去看望她，闲聊起来问她未来的道路打算何去何从，她沉默良久，没有回答。

子静说："她的眼睛望着我，又望白色的墙壁。她的眼光不是淡漠，而是深沉的。我觉得她似乎在看向一个很遥远的地方，那地方是神秘而且秘密的，她只能以默然良久作为回答。"

当时的那深沉的默然，似乎正是处于内心的挣扎之中，无论去留，都是惘然。张爱玲不可能无端地抛弃生养的地方，她的情感、她的人生、她的梦想都深深地浸润在这座美丽的海滨城市之中了。

一想到离开，她怎能不陷入难隐的惆怅伤感。

张爱玲一向是立在潮流之外的，可是"常在河边站哪有不湿鞋"，有意无意间，裤脚就会被翻涌的潮水打湿。也就是在这种潮起潮落，沧桑变迁的挣扎中，张爱玲在酝酿着新的计划——悄然出走中国大陆。

一九五一年七月，张爱玲在夏衍的邀请下参加了上海市第一届文代会，那时她已经隐隐感觉到自己的这一身罩着白色网眼衫的花色旗袍与满场的中山列宁装格格不入了。

在这"变"与"未变"之间分明有了某种"距离"。一个接着一个的政治运动让张爱玲看不清这个时代的面貌，连她自己也要消失在这片红色的政治海洋之中了。这种疑惧随着时间的推移愈加强烈，她越来越感觉到一股无形的阴影正在步步逼近。

还记得在《十八春》的结尾，沈世钧的妻子翠芝决定投身革命，她第一个举动就是改装易服，"穿上了列宁服，头发也剪短了"。翠芝可以随风而动，可是这于张爱玲来说，是不可逾越的界限。

如果换作旁人，何不趁此出名的大好机会重出江湖，可她是张爱玲；如果换作旁人，何不借着政治高层领导的青睐攀附高枝，可她是张爱玲；如果换作旁人，何不凭着自己的声名弄一片翻云覆雨，可她是张爱玲。所以，她定要坚守"张爱玲"的傲然，活出"张爱玲"的风采。

在张爱玲无法改变时代和时代无法改变张爱玲之间掣肘着，她所能做的只有转身，离开。三十而立，此时的张爱玲无法预见等待自己的未来究竟是何模样，只是有一种不可名状的喜悦，在内心激励着自己前进。鸟儿，将要自由了。

只身返孤城

　　红尘遗梦醉千年，酒醒梦空，疏影话凄凉。至于张爱玲离沪出走的经过，一直是个谜。

　　当时的张爱玲当然不知道惜才若渴的上海文艺界头号人物正在如火如荼地策划着为她施展才能留有一方土地。上海电影剧本创作所成立后，夏衍亲自兼任所长，柯灵任副所长。新中国成立后返回上海的夏衍第一次见识到这位才女的出色文笔，《亦报》上连载的小说和《传奇（增订本）》的发行，让他对张爱玲的才华更加赏识，多次向柯灵提起，要邀请张爱玲来所里工作。但只因当时有人反对（想来是因为张爱玲的复杂背景），还须稍待一时。然而还未等到柯灵将最后的决定透露给她，张爱玲去香港的消息便急急地传来。

　　若是张爱玲真的获悉这个消息，或许也不会成为她去意徘徊的转折点。作为一个"天生的小说家"，她始终把自己定位为一个"职业文人"，写作宛如她的第二生命。一个怀着"天才梦"的奇女子，怎能在这样风雨动荡的时代寻妥一方安稳的自由天地？

　　此时的香港与内陆之间虽不如之后那样封锁严密，但是从罗湖桥出境也并非易事。长途跋涉中辗转周折，众多的书稿不得携带，加之心情的焦虑紧张，旅途中的一切都蒙上了一层灰蒙蒙的黯淡。这段艰辛的出境经历曾经在她后来的小说《浮花浪蕊》中详细描述过：

> 桥堍有一群挑夫守候着。过了桥就是出境了，但是她那脚夫显然认为还不够安全，忽然撒腿飞奔起来，倒吓了一大跳，以为碰上了路劫，也只好跟着跑，紧追不舍。
>
> 是个小老头子，竟一手提着两只箱子，一手携着扁担，狂奔穿过一大片野地，半秃的绿茵起伏，露出香港的干红土来，一直跑到小坡上两棵大树下，方放下箱子坐在地上歇脚，笑道："好了，这不要紧了。"
>
> ……（洛贞）跑累了也便坐下来，在树荫下休息，眺望着来路微笑着，满耳禅声，十分兴奋喜悦。……自从罗湖，她觉得是个阴阳界，走阴间回到阳间。

时隔多年后的又一次逃离，忽然让张爱玲想起十八岁那年，一脚踏出了父亲的家，这一脚一经踏出，终于摆脱了那个恐怖、荒诞、强制的世界，获得自由的解放了。同时她也深深地认识到：告别了一个旧时代，就永远踏不回了。她的这一转身，意味着永远失去了自己的家。

出国离家，一切都暗示着对过往岁月的一种告别，更意味着在未来的大道上一种崭新的生活正在蠢蠢欲动，哪怕她并不确定未来等待自己的究竟是福还是祸，可是没有迟疑，在决断之时，便毅然决定。这又一次新的冒险再次激起了平静生活中的点点浪花，成为张爱玲生命中的分水岭。

作为小说家的"张爱玲"，她的"上海"陷落了，永远地陷落了。一九五二年十一月，张爱玲乘车离开了这片生命根植于此，生养自己的土地，在即将到来的自由欢欣的新空气里，又掺杂着难言的惆怅萧条之气。

她忽想起几年之前，对上海人的讽刺："谁都说上海人坏，可是坏得有分寸。上海人会奉承，会趋炎附势、会浑水摸鱼，然而，因为他们有处世艺术，他们演得不过火"，不知怎的，这淡淡的讽刺之中总让人觉出些怜爱的辩驳。

更不用说那些浸润着青春和回忆的酸甜苦辣，那种气味和情调已经化作一种气质深深地根植进骨髓。

> 瓷砖墙上丁字式贴着"汤肉××元，腓利××元"的深桃红纸条。屋顶上，球形的大白灯上罩着放空的黑布套，衬着大红里子，明朗得很。白外套的伙计们个个都是红润肥胖，笑嘻嘻悄然出走的，一只脚踏着板凳，立着看小报。他们的茄子特别大，他们的洋葱特别香，他们的猪特别的该杀。(《到底是上海人》)

这一切载着她忧伤而温暖的回忆，在时光的隧道里渐渐褪去光彩，化作邈远邈远的虚淡背景。此时的上海有她的父亲、继母、弟弟和姑姑，英国有她的母亲，可是似乎在她的心中，亲情已经不能成为牵绊她前行脚步的理由了。

从上海坐火车到广州，又从广州乘火车经深圳到香港，在民兵检查时，她紧张万分，因为她的护照上用的是个笔名。

路遇这样的事情真是不好，民兵直接询问她："你就是写作的张爱玲？"

她听罢战战兢兢地回答了一个字"是"，而那民兵并没有像她想象中那么留难她。她紧了紧内衬口袋里的那一副包金小藤镯，长长地舒了一口气。问过之后，似乎一切都化作过眼云烟了。

此次离港，与十几年前的那次香港之行已经全然不同了。想当初未就的香港大学学习生涯在张爱玲的心中始终是个遗憾，物是人非，十年过去，一切已然大不相同。

张爱玲的这次突然出走，友人圈中一片唏嘘，甚为诧异。当时的保密工作做得很好，知情者唯有姑姑一人，但为了避免政治上的麻烦，她们互相约定，张爱玲出走之后互不通信。

后来，极为赏识张爱玲的夏衍先生还特意托人带信给张爱玲的姑姑，希望张爱玲能为国内的《大公报》《文艺报》写些稿子。姑姑复信："无从通知。"如此一来，与过去真正挥别的张爱玲便与上海永远地失去了联系。

张爱玲出走时，随身携带着姑姑珍藏多年的家庭相簿，这本相册跟随张爱玲辗转多年多地，哪怕是去美国后多次搬家也没有遗失掉。泛黄的旧照片在她的笔下化作家庭侧记《对照记》中一个个鲜血淋漓的故事。这位曾经被认为背叛了家族的人，在这潺潺如水的文字中真正地归依了故土。这本旧相簿，成了孤独行走在异国天空下的张爱玲，与故人往事的唯一的血脉联系。

世事变幻，张爱玲之生死存亡，对她的亲人朋友来说，全是渺茫的了……

被遗忘的岁月

"这时代，旧的东西在崩坏，新的东西在滋长。但在时代的高潮来到之前，斩钉截铁的事物不过是例外。人们只是感觉日常的一切都有点儿不对，不对到有点恐怖的程度。人是生活于一个时代里的，可是这时代却在影子似的沉没下去，人觉得自己是被抛弃了。为要证明自己的存在，抓住一点真实的、最基本的东西，不能不求助于古老的记忆，人类在一切时代之中生活过的记忆，这比瞭望将来要更清晰、更亲切。于是他对周围的现实发生了一种奇异的感觉，一心这是个荒唐的，古代的世界，阴暗而明亮的。回忆与现实之间时时发现尴尬的不和谐，因而产生了郑重而轻微的骚动，认真而唯有名目的斗争。"

每一个人，都处在一个微妙的连接点上，交汇着过去与未来，在此刻的某一瞬间找到自己的价值，又随着滚滚向前的时光潮流，推向莫名的远方。相对于未来而言，还是有一整块的"过去"帮助立足当下，这个"过去"的载体就是曾经拥有过的家园。

当张爱玲真正地背井离乡之时，才真正体会到"家园"这两字的苍凉意味——一个孤独个体在苍白的文化环境中产生的矛盾心理和个体生命寻求寄托的焦虑。

这是张爱玲第二次来到香港。十三年前她曾来香港念书，具有异域的殖民情调与热带风貌，让她感到难言的兴奋和刺激，而这次，纵然面临着未卜的前程，一待恰恰又是三年。

张爱玲赴港后最初寄居在基督教女青年会。这一由教会开办的带有慈善性质的免费宿舍区，对当时初入港境、手头拮据的张爱玲来说犹如雪中送炭。当时虽然出境理由是到香港完成学业，不过那只不过是帮她弄到从大陆出来的入境证的老教授的再三叮咛，一纸文凭对于而立之年的张爱玲来说，已经不像以往那样有吸引力了。在她的人生规划中，香港不过是奔向美国的一个中转站罢了。

在港大待了不足一学期，一个可以到日本的机会摆到她的面前，加之好友炎樱在那里，她便庆幸地以为从日本去美国是一条捷径。于是她匆匆写信给校方辞了奖学金，便登上了去日本的轮船。

然而此时正漂荡在茫茫起伏大洋上的张爱玲浑然不知，就在她请辞奖学金的时候，那位帮她来港的老教授正在尽心竭力地为她争取奖学金，张爱玲的唐突之举自然让老教授十分生气，以致后来多次道歉亦未获得谅解，张爱玲对此十分愧疚。后来因为这一风波，有次应征一官方机构的译员之职也不幸泡汤。

孤身在外，原本带出来的钱就不多，很快生活变得更加困窘。好在张爱玲很快在美国新闻处找到了一份翻译工作，她的顶头上司是执掌该机构的麦加锡，后来与张爱玲成为交往甚好的朋友。

在新闻处的那段时间，曾经积累下的英语功底和文学素养发挥了重要作用，玛乔丽·劳林斯的《小鹿》、华盛顿·欧文的《睡谷的故事》和《爱默森选集》、海明威的《老人与海》……大量的时间奉献给了这些译著。为了解决一时之需，只能硬着头皮翻译，哪怕是面对并不喜欢的爱默森和华盛顿·欧文。

一位妙笔生花的文坛才女，怎能甘心一直替别人做嫁衣？尽管翻译工作占用了大量的时间，但是张爱玲还是挤出了创作的时间，在香港的这三年是张爱玲创作生涯的第二个高峰期。虽不像之前那样高产高质，但是新环境中的新尝试，为她的小说创作打开了一种新的可能形态。

她曾经对友人形容当时写作时的兴奋："写完一章就开心，恨不得立刻打电话告诉你们，但那时天还没有亮，不便扰人清梦。可惜开心一会儿就过去了，只得逼着自己开始写新的一章。"

在张爱玲的艰难而枯燥的香港之行中，通过美国新闻处这个媒介，结识了后半生最好的朋友——宋淇（林以亮）、邝文美夫妇，他们之间的友谊持续了四十三年，直到张爱玲离世都未曾消减。

同时，张爱玲一直在积极地申请赴美居留。正巧的是，一九五三年的美国政府新颁布了一个难民法令，允许少数学有所长的外国人迁居美国，成为美国的永久居民，并且可以再申请成为美国公民。这一政策犹如锦上添花，让张爱玲的美国之行越发显得明朗起来。

第九章

在水一方：
永别了，我的故国

踏上一个新大陆

人生转向。一九五五年十一月，一声汽笛的长鸣划破长空，"克利夫兰总统"号轮船在茫茫雾色中缓缓驶动，渐渐消逝在太平洋的深处。

轮船的甲板上，一个穿着旗袍的素面女子，朝岸上的送行人挥了挥手臂，维多利亚海湾那熟悉的景色渐次消退在她的视野里，轮船行驶进冰冷而灰暗的大海时，一转身已是泪水千行滚滚而下。

此一别不知何时相见，去国千里何日是归期？她的这一转身背后包含着多少心酸血泪……她走了，在她后来的四十三个生命年岁之中，张爱玲去过很多地方，辗转异处，却再也没能回到祖国大陆的怀抱。

忽然想起一九四七年她曾经收于散文《中国的日夜》中的一首同名诗作：

　　我的路

　　走在我自己的国土。

　　乱纷纷都是自己人

　　补了又补，连了又连的

　　补丁的彩云的人民。

　　我的人民，

　　我的青春，

　　我真高兴晒着太阳去买回来

　　沉重累赘的一日三餐。

　　谯楼初鼓定天下，

　　安民心，

　　嘈嘈的烦冤的人声下沉。

　　沉到底。……

　　中国，到底。

　　"中国"，这个可爱的名字；"中国"，这片深爱的土地，一直深藏在她灵魂深处，在她的异国漂流中始终温存着它的模样。

　　"黯然销魂者，唯别而已矣。"在码头上的宋淇夫妇疼惜地望着张爱玲孤零零的身影在风中单薄瘦弱，不知等待着她的将是怎样的一番世界。

　　船到日本，张爱玲在给宋淇夫妇的一封信中写道："别后我一路哭回房中，和上次离开香港（一九四二年春）的快乐刚巧相反，现在写到这里也还是泪汪汪起来。"故人天涯，天下谁人不识君。在此后的生活里，张爱玲始终与宋淇夫妇保持通信联系，向来孤傲难近的她总是喜欢事无巨细地向他们"絮絮诉说不休"，这对二十年如一日的莫逆之交，足以看出张爱玲的款款深情。

一九五五年秋日的旧金山码头，阴郁的天空中沉淀着浓密的乌云。港口里飘来的悠长的汽笛声划破密密的雨丝，一艘大船即将进港。所有的过去都隐退在身后的茫茫雾霭中，而未来就抓在她那双纤瘦的手中。

她记得当初接受日裔移民官审查时，那冷冰冰的声音依然在耳边回响："美国移民局根据一九五三年移民局难民条款修订法案，基于人道精神给予你难民居留的身份，根据这项法令你可以成为美国的永久居民，但美国政府也将根据你在美国的活动随时对你的身份进行重新审核，举行听证会进行讨论，或取消你的居留身份。"

那一年，张爱玲三十五岁。

到了纽约之后，在炎樱的帮助下，张爱玲将一切都安妥下来。她暂且找到一个专门为穷人设立的女子职业宿舍居住，未忘自己此行来美国的目的——重新开拓自己的文学创作之业。后来张爱玲还特意携稿同好友炎樱一同去拜访五四新文化运动领袖人物之一胡适先生。

在张爱玲的童年教育中，不得不说有胡适潜移默化的影响，姑姑是胡适的崇拜者，父亲则钟爱胡适的文章，母亲的女性启蒙亦是在胡适思想的影响之下。张爱玲第一次在父亲书房中读到《胡适文存》，就被深深吸引住了。对其影响甚大的《海上花列传》也是父亲看了胡适的考证后去买来看的。

不久之后的一个初冬的午后，阳光里流露出恬淡的慵懒之意，在一座白墙粉面的公寓里，张爱玲见到了这位让她"敬若神明"的大人物。

这个曾在政坛风起云涌的男人，此刻正在纽约的家中闲适安逸地坐着。张爱玲在《忆胡适》一文中写道，"适之先生穿着长袍子。他太太带点安徽口音……态度有点生涩。我想她也许有些地方永远是适之先生的学生，使我立刻想起读到的关于他们是旧时婚姻罕有的幸福的例子。"

窗棂上雕花的质感，小茶杯上柔嫩的青瓷，周遭的一切都充溢着古老中国的文化韵味。胡适先生一袭灰色长袍，未语先笑，和蔼可亲。张爱玲与胡适初次见面就相谈甚欢，连炎樱也可以操着蹩脚的国语同胡适攀谈着。同是天涯沦落人，相逢何必曾相识。此次碰面，是张爱玲人生经历中难忘的一次。

后来，胡适对张爱玲也格外照顾，有时候怕她寂寞，也会打电话过去与她聊聊家常。甚至有一天，胡适先生亲自前来探望，这让张爱玲受宠若惊。当时她住在救世军办的女子宿舍，只能在如礼堂般巨大却黑洞洞的客厅招待胡适先生。她拘谨而抱歉地笑着，胡适先生却赞不绝口，说这里是个"好地方"。

胡适在客厅坐了一会儿便走了，张爱玲起身相送。她站在门外的台阶上，看着先生远去的慈祥的背影，写下了这样的文字：

　　我送到大门外，在台阶上站着说话。天冷，风大，隔着条街从赫贞江上吹来。适之先生望着街口露出的一角空蒙的灰色河面，河上有雾，不知道怎么笑眯眯地老是望着，看怔住了。他围巾裹得严严的，脖子缩在半旧的黑大衣里，厚实的肩臂，头脸相当大，整个凝成一座古铜半身像。我忽然一阵凛然，想着：原来真像人家说的那样。而我向来相信凡是偶像都有"黏土脚"，否则就站不住，不可信。我出来没穿大衣，里面暖气太热，只穿着件大挖领的夏衣，倒也一点都不冷，站久了只觉得风飕飕的。我也跟着向河上望过去微笑着，可是仿佛有一阵悲风，隔着十万八千里从时代的深处吹来，吹得眼睛都睁不开。那是我最后一次看见适之先生。

在陌生的国度，在繁华的纽约。这里有着繁华的街市和光鲜的外表。张爱玲却成为一个迷茫的异乡人，演着自己的独角戏。只有当她邂逅了胡适，这个看她时眼睛里充满欣赏、怜惜和钦佩的儒雅老者，才给了她渴望的温情时刻。只是，这次别离后，张爱玲便离开了纽约。从此二人再无音信，直至一九六二年传来胡适先生去世的噩耗。

一九五六年二月，转眼间，张爱玲来到美国已经四个月了，生活一如既往地流淌着。但她经济上始终拮据，无奈之下，在她的带路人玛莉·勒德尔的担保下，她只好向一个专门为有前途的作家提供写作环境的基金会请求帮助。一九五六年二月十三日，她以移民作家的身份给位于新罕布什尔州的麦克道威尔文艺营寄去信件，正式提出入营申请：

亲爱的先生／夫人：

　　我是一个来自香港的作家，根据一九五三年颁布的难民法令，移居来此。我在去年十月份来到这个国家。除了写作所得之外别无其他收入来源。目前的经济压力逼使我向文艺营申请免费栖身，俾能让我完成已经动手在写的小说。我不揣冒昧，要求从三月十三日到六月三十日期间允许我居住在文艺营，希望在冬季结束的五月十五日之后能继续留在贵营。

　　　　　　　　　　　　　　　　　　　　张爱玲敬启

　　张爱玲向来不是忸怩之人，在困难当头时也愿意大方求救，不久就获得在新罕布什尔州的麦克道威尔文艺营为期两年的写作奖金和免费住宿的机会。

　　文人前辈林语堂先生的英文小说《京华烟云》大获好评，同为作家的张爱玲自然也想一试身手。

　　冬寒未尽，三月的纽约还吐露着逼人的寒气。张爱玲离开纽约，沿着一路萧瑟之景辗转到波士顿，再转长途巴士到新罕布什尔州，长途跋涉，舟车劳顿，终于到了市中心外数英里的麦克道威尔。

　　这里在几天前刚刚下过一场大雪，计程车缓缓驶过，经过一条条的车辙在雪上的无数次碾压，积雪底下渐渐吐露出泥土的清香，这久违的味道让人感到莫名的熟悉。长途颠簸的劳顿，已经让张爱玲变得倦意难敌，计程车离市区越来越远了，浓浓的暮色沉沉地压下来，整个世界都陷入了一片陌生的漆黑中。

　　热闹是别人的，留给自己的只有无尽的黑暗……就在张爱玲心里忐忑不安，倍感伤悲的时候，忽然发现前方如星辰似的灯光若隐若现，再往前，一座房子的轮廓渐渐清晰起来，洋溢着浓浓暖意。

身处异国他乡的游子，忽然从这盏温暖的灯光中感到从未有过的踏实安心，吾心安处是此乡。

缘，妙不可言。生命的形态在于你究竟遇到过什么样的人。此时的张爱玲绝不会想到，在这座灯光温暖的房子里，正安放着一份等待自己的爱情。

即使，我生君已老

泥上偶然留指爪，应似飞鸿踏雪泥。人生旅程的美妙之处就在于无数的如果和偶然，三七年华时那场刻骨铭心的爱恋让一个正处妙龄的女子喊出了"我将只是萎谢了"这般凄切的挚语，撼人灵魂。自那以后她用厚厚的面具掩盖起自己的真实面目，别人能看到的只是那冷若冰霜的高傲，不曾细察出纤细敏感的脆弱。

在恍如世外桃源般的麦克道威尔文艺营，张爱玲的生命轨迹再次发生了转折，连她自己也绝没想到，自己能再次邂逅一份美丽的爱情，让她死灰般的内心再次燃起熊熊的激情之火。

在麦克道威尔文艺营的大厅里，笑语欢声，觥筹交错。张爱玲来得很迟，轻轻地从门外闪进身，面色沧桑，细弱的身影仿佛风中摇曳的芦苇，让人心生怜爱之感。

此时正有一个人在默默地注视着新来的这位东方女子，她落寞的神情里隐藏着一股淡淡的忧伤。这个人正是美国左翼作家费迪南·赖雅，日后成为张爱玲的第二任丈夫。

坐落于新罕布什尔群山之中的麦克道威尔文艺营确实景色宜人，几经动荡的张爱玲历经波折，终于找到一方安心写作的净土。

一九五六年三月十三日，在文艺营的大厅里张爱玲第一次见到赖雅，四目交错如虹如炬，在那个寒意凛然的午后，盛意的交谈让两颗冰冷的心碰撞出灿烂的火花。酒逢知己千杯少，高山流水遇知音，各自的传奇经历给彼此留下了惺惺相惜的知音之感，都不禁感叹"生命的无常与人生的美丽"。

在银装素裹的彼得堡市，一场正在酝酿的伟大爱情融化了整个城市的严寒。这场邂逅对于两个浮萍般的游子产生了深深的眷恋。究竟赖雅是何许人也？竟能让曾经深受情痛，难再爱人的张爱玲再次打开心扉，甘于委身？

完全在德裔家庭中成长起来的赖雅，从小便显示出良好的文学天赋。经历过专门的大学文学教育后，他对小说、诗歌产生了更加浓厚的兴趣。一九一四年，凭借一部《青春欲舞》(*Youth Wish Dance*)的剧本，被乔治·贝克教授选入著名的戏剧研究组中。活泼外向的赖雅渐渐在戏剧电影方面显露才华，为他日后的好莱坞之行做好了铺垫。

赖雅向来喜欢自由无束，肆无忌惮的青春生活带给他独特的生命经历。与同样放浪形骸的妻子吕蓓卡·郝威琪结婚时把父亲送予的用来买家具的钱挥霍一空，周游世界，随心所欲，即便是女儿霏丝的出生也没能将他长久地固定在家庭生活之中，最终琐碎的家庭生活争吵让两人以离婚分手而结束关系。

这位与德国剧作家托脱·布莱希特成为莫逆之交的作家，有着一颗难得的热心助人的善心。然而纵然被预言具有成为大文豪的潜质，赖雅最终还是留恋在好莱坞"梦幻工厂"的逸乐之中。

赖雅年轻时候颇有"千金散去"的侠士之风，渐渐随着年华老去、疾病缠身，既无亲人也无积蓄的他甚至没有固定住处。无奈之下，赖雅决定申请到麦克威道尔文艺营休养生息，东山再起。

那一年，赖雅六十五岁，张爱玲三十六岁。

正是命运之中一股无知的力量，将原本毫无交集的两人冥冥之中推到了同一时空。

一九五六年四月初的一天，张爱玲特意将她的一部新作拿给赖雅看，赖雅再次被书中精美的文笔和真挚的情感所打动，未曾想到这样一位女子竟能写出如此动人的文章。

两人一见如故，越发投缘，关系进展得十分迅速。同是无依无靠、身如浮萍的人，在那个酷冷的严冬之后，忽然发现彼此的微弱温暖是那样弥足可贵。

五月十二日，是难以忘怀的一天。赖雅在当天的日记中郑重地记下这样一句话：Went to the Shack and Shacked up。（去房中有同房之好）两人终于跨越了最后的界限，有了第一次肌肤之亲。

然而天意弄人，正当陷于热恋中的两人如胶似漆难舍难分之时，赖雅在文艺营的逗留时限马上就要到了，他不得不转到纽约北部的耶多文艺营去。轰鸣的火车狠狠地碾过离人的心头，带走了她心爱的人，张爱玲在夕阳中伫立着，久久地凝望着远方。此去经年，应是良辰好景虚设，便纵有千种风情，更与何人说。

送走了赖雅，张爱玲自己的生活也变得无依无着，幸而一位营友的帮助，才得以在纽约市的第九十九街空着的公寓居住。屋漏偏逢连夜雨，当自己的生活还在捉襟见肘地挣扎中时，张爱玲忽然发现自己居然怀孕了。

当这个突然的消息传到赖雅的耳边时，他也变得茫然了。一边是深爱的女子，一边是对家庭生活的恐惧，离婚三十载，健康每况愈下，加之囊中羞涩，在现实的胁迫下，赖雅做出了最后的决定——打掉孩子，与张爱玲结婚。于是他下定决心，提笔给张爱玲写了一封热情洋溢的求爱信。

当这封求爱信还未到达她的住处时，张爱玲已经慌忙乘火车赶到赖雅所在的小镇萨拉托卡泉镇。微醺的灯光下，他们聊了很久很久，最终决定，要打掉这个赖雅称之为"The Thing"的孩子。

这次流产带给张爱玲的伤痛，她只字未提，只是硬生生地咽到肚子里。

一九五六年八月十四日，挂在树梢旁的圆月清澈透亮，赖雅与张爱玲在美国纽约举行了婚礼，炎樱与马莉·勒德尔见证了这一美丽的幸福瞬间。已近耳顺之年的赖雅此时身体状况越发令人担忧，张爱玲不得不担负起整个家庭的重量，开始了她风雨飘零的谋生之路。

不过新婚的快乐还是让张爱玲的幸福之情溢于言表：

在 Macdowell Colony 期间，她与美国小说家 Ferdinand Reyher 相识，情投意合，不久闪电结婚。张爱玲来信说黄昏后生活美满，我们自是高兴。她还告诉我们："我和 Ferd 常常谈手边稍微宽裕点就到欧洲、东方旅行……相信几年内我们会见面。那一定像南京的俗语：'乡下人进城，说得嘴儿疼。'"

——宋淇《私语张爱玲》

　　漂泊太久的心，终于找到了宁静的港湾，找到了可以休憩的岸，对于张爱玲来说，此时已然尘埃落定，这份可遇而不可求的姻缘就是自己最大的幸福。

　　婚后的生活琴瑟相偕，几个月里遍历纽约风光，不亦乐乎。十月份返回麦克道威尔文艺营后，赖雅就不幸发生了一次中风，情况刚刚有所好转，又在同年十二月再次病发入院，几乎失音。

　　生活的节奏伴随着赖雅的身体状况起伏波动，张爱玲始终在他的身旁悉心陪伴，从未有怨言。张爱玲的痛苦失意，亦因赖雅的存在，给了她极大的安慰。两人的爱情，不似当年青春正盛时的那般轰轰烈烈，却借着生活的注脚，一步一步走得更加踏实更加安心。

"流浪"到宝岛

岁月无痕，烦琐的家庭生活如巨浪般一波波地席卷而来，但是张爱玲仍然挣扎着始终未忘隐藏在心底的那个天才梦。

与赖雅在一起，落日余晖里牵手漫步在大街小巷，领略着这座城市浪漫的人情风光，平淡的生活宁静而温馨。这年八月，一封突然而至的加急电报打破了生活的平静，远在伦敦的母亲身患重症。

十余年未见，一直尘封在记忆深处的母亲的形象忽然显现出来，熟悉而陌生。此时张爱玲的生活并不宽裕，她还是回信并奉上一百元的支票寄往英国。不久噩耗传来，母亲的离世忽然让张爱玲感到生命中的一些东西已经永远地与自己告别了。

时光如水，它正在悄无声息地扑灭曾经的梦想和希望。张爱玲开始认真地审视现在的生活，此时她已经与赖雅搬至旧金山居住，靠着远在香港的宋淇夫妇牵线，做一些简单的写作任务，加上赖雅身体时好时坏，每月只有五十多美元的社会保险金，两人的收入水平一直在低水平线附近徘徊。现实越来越紧迫地压在她的身上，一个计划正在脑海中悄悄酝酿……

当时张爱玲正在构思一部新的长篇小说《少帅》，正巧友人宋淇所在的电影公司邀请她前去创作剧本。此次的"东方之行"既可解决生活的拮据，又可为自己的写作积累材料，如此两全其美的事情，何乐而不为呢？

当赖雅得知这个消息时，万分不赞同。张爱玲的此次离开就意味着两人要在很长时间内分隔两地。从情感对她的依恋，身体状况的不善，前方的形势未卜都使得赖雅感到不安和彷徨。可是张爱玲去意已决，只得安抚好赖雅，登上了前往台北的飞机。计划在台北暂留后，再转机去香港。

再回忆起来，张爱玲在台北的时光确实是愉快而难忘的。

一九六一年，台湾的秋天有些微凉，湛蓝的天空中点缀着淡淡的浮云，张爱玲喜欢这样清爽的好天气。到达台北后，她便暂住在台北美国新闻处处长麦加锡的家中，背面傍山，花树葱郁，景色十分宜人。

在特意为张爱玲准备的小型欢迎会上，张爱玲与麦加锡夫妇还未到来时，大家纷纷猜测传说中的这位才女究竟是什么样子。待到身着轻衣的张爱玲款款走入时，大家眼前一亮，与麦加锡先生曾经说过张爱玲很胖很邋遢的形象大相迥异，干干净净的脸庞衬着眼睛越发明亮，高高瘦瘦的样子让人心生仰慕。

反衬之下，人们越发觉得张爱玲是加倍地美。当事人曾这样回忆张爱玲："她很少说话，说话很轻。讲英语，语调是慢慢的。"

这位三四十年代的传奇人物虽然风光不再，但她在台湾依然拥有众多的仰慕者。当时正巧白先勇、王文兴、欧阳子、陈若曦等人创办了《现代文学》杂志，张爱玲读到其中一篇是台湾大学外文系二年级的学生王祯和的小说《鬼·北风·人》，对其中描写花莲的风土人情十分着迷。本是花莲人的王祯和当起了张爱玲的义务"导游"，由此促成了一段与张爱玲相处的快乐时光。

张爱玲还与王祯和去了花莲的"大观园"（妓女区），当时因为是旅行，张爱玲穿得十分随意，即便这样，还是在闭塞的花莲引起了小小的骚动。她细细地观察着这个灯红酒绿的奇特世界，妓女们也纷纷向她投去好奇的眼光，各有所得，一片欢欣。

沉浸在这如诗如画的山林海风中，张爱玲感到从未有过的自由和满足。风景秀丽的花莲让张爱玲暂时抛却了身后千丝烦恼，她曾经与赖雅筹划着等到攒够了积蓄，便来一场东方游或者是欧洲游，可是微薄的收入仅能勉强糊口，一直以来的梦想只能在现实面前止步。

夜幕降临，新月如钩。花岗山上被神秘的气氛围拢着，一位身着民族服饰的阿美族姑娘明眸皓齿，身段妖娆，丰年祭的舞蹈在她的脚下化作一种原始的野性色彩，迸发着青春与生命的激情，张爱玲真切地赞叹道："她可以选为最佳侧面奖。"

正留恋于花莲美景的张爱玲感到游兴正浓。按照原定的计划，花莲之后，她准备顺便取道台东、屏东，搭乘金马号到高雄，然后再回台北。在屏东，当地十分有名的"矮人节"正在如火如荼地举行。

然而，正当他们刚刚落脚到台东的时候，当地火车站站长便匆匆赶来，随之带来的还有一个不幸的消息：美国新闻署的麦加锡先生要求代为转告，说她先生再次病重，要她赶快回台北。张爱玲当下"Very upset"（王祯和语），她不得不取消既定的行程返回台北。

就这样，张爱玲短暂的台湾之行结束了。

张爱玲的一生一直在飘零，在流浪，从一地到另一地，画出生命的图景。每一次告别着旧地，又意味着将要开启一种新的生活，可是不得不说起，这次的台湾之行，对于她的今生后世都有着十分重要的意义。甚至于可以说，后来二十世纪八九十年代再度风靡的"张爱玲热"正是与这些台湾的仰慕者们的推崇密切相关的。

掌心里的荒凉

　　回台北之后，张爱玲终于与赖雅的女儿霏丝取得了联系，这才知道，在前往女儿家的路上，途经宾夕法尼亚的比佛瀑布时，赖雅突然中风，昏迷过去，霏丝赶到后，将他接到华盛顿她家附近的医院中。

　　随后获知赖雅的病情渐渐得到控制，她不敢忘掉此次漂洋过海的不易之行的目的，一九六一年冬日，张爱玲辗转来到了香港。

　　这是她第三次踏上这片土地，也是最后一次。此时的中国大陆，正饱受着自然灾害的折磨。香港，依旧是那座城市，只是昔日里少女时代的欢笑，婀娜多姿的旗袍，如今早已化作过眼烟云。

　　宋淇夫妇的盛情算是这冰冷岁月中一丝慰藉。为了尽早完成为电懋公司写《红楼梦》电影剧本的任务，张爱玲便在宋淇夫妇家附近租下的小房间里埋头苦干起来。

　　夜深人静，万家灯火都在夜幕中暗淡下去，常常看见张爱玲工作室里的灯光依然明亮。拖着越来越差的身体日夜操劳，甚至不舍得为自己添置衣物，然而为了攒钱，为了尽快返美见到赖雅，她生生地把所有的辛酸苦楚都咽了下去。

　　香港之行，让张爱玲觉得身心交瘁，筋疲力尽。一九六二年三月十六日，带着不易而来的八百美元稿费，她终于重新踏上了美国土地。轻轻地，我走了，正如我轻轻地来。我轻轻地挥一挥手，作别西天的云彩。此后的人生中，张爱玲再也没有回过这片土地。

　　此刻，赖雅正在焦急地等待心上人的归来。

　　小别胜新欢。久别重逢的两人紧紧地握着手，走在狂风肆虐的华盛顿街道上，彼此的心里都洋溢着暖融融的爱意。往后的生活虽不富裕，哪怕因为经济来源的中断，她不得不带着赖雅从"皇家庭院"搬到黑人区中的肯德基贫民区，可是相互扶持的温暖还是让两人的生活温馨幸福。

　　这样平静的时光还未持续很久，最严重的事情还是发生了，年迈的赖雅在国会图书馆办公时，不小心跌断股骨，再次引发中风。出院之后，已基本瘫痪的赖雅变得越来越深居简出，沉默寡言。巨大的生活压力负荷在张爱玲瘦弱的肩膀上，她不得不时时为了生活打拼。

　　回到美国后的生活可谓是清贫如洗，既要照顾赖雅，又要保证一定经济来源，无奈之下，张爱玲便申请了迈阿密大学（Miami University in Oxford Ohio）的驻校作家一职，而负责照顾赖雅的黑人护工又不够耐心，因此，张爱玲到了牛津之后不久，便把赖雅也带到了身边。

此时赖雅的病情越来越严重了。那个曾经健壮的男子，在疾病的摧残下，变得奄奄一息。张爱玲在学校写作和照顾赖雅之间奔波着，为他擦身，喂他吃药，只能利用间隙的时间提笔创作。一九六七年在夏志清先生的推荐下，张爱玲又成为哈佛大学雷德克里芙女子学校的驻校作家。

生老病死，天地轮回，是任谁也无力能改的规律。一九六七年十月八日，秋风萧瑟天气凉，一片秋叶缓缓落下，归依大地的怀抱。时年七十六岁的赖雅告别了尘世，永远地离开了挚爱的妻子，张爱玲失去了自己的第二任丈夫。赖雅的遗体火化后没有举行葬礼，他的骨灰由女儿霏丝安葬。

十年生死两茫茫，不思量，自难忘。千里孤坟，无处话凄凉。纵使相逢应不识，尘满面，鬓如霜。

夜来幽梦忽还乡，小轩窗，正梳妆。相顾无言，唯有泪千行。料得年年肠断处，明月夜，短松冈。

此时的张爱玲，心寒如冰。一梦醒来，恍如隔世；两眉咫尺，天人永隔。

后来张爱玲终生保留着Eileen Reyher（爱玲·赖雅）这个名字，直到老去。丈夫的姓氏，与那些珍视的甜蜜时光，永远与自己连在一起，就仿佛他一直陪伴在她的身边。

张爱玲已然孤独地游走在异国的天空下。

一九六九年七月，受伯克利加州大学中国研究中心的主持人陈世骧教授的邀请，张爱玲搬到了加州的伯克利，担任该中心的高级研究员，从此开始了她在加州的莘莘二十六载的生命历程。

丧偶之后的张爱玲变得越发沉默孤冷，她已经把大量的时间和精力都放在研究专著《红楼梦魇》的写作和《海上花列传》的翻译上。

自一九八四年八月起，张爱玲开始频繁地搬家。她迫切想要寻找来自于"家"的安全感，而对每一个居住的地方却又都抱有敌意。此时她的健康状况也每况愈下，又总是疑心屋里有跳蚤，甚至把自己的头发都剪掉了。

寡居的张爱玲把与世隔绝的生活发挥到了极致，哪怕是面对好友的盛情邀请，她也极少露面；邮箱里的信塞得满满的，有时收到的信件往往过了两三年才拆开。房间里的电视整日整夜地响着，她喜欢在有声音的环境中麻木内心的孤独。夏志清评价她的晚年生活，用了惊心动魄的四个字"绝世凄凉"，也是不为过的。

那夜月圆，想必故乡之月也如这般澄澈透亮吧。张爱玲累了，静静地躺了下来，在大地母亲的怀里安详地睡去。

一九九五年九月八日，附近的邻居忽然觉得已经有好多天没有看见这位寡居的中国女人了，当洛杉矶的警察打开了张爱玲公寓的大门，一幅凄然的图景撞入眼帘：在空旷大厅中的精美的地毯上，一位瘦弱的、穿着赭红色旗袍的老太太十分安详地躺在中间，这华丽的苍凉正是张爱玲一生的终笔。

繁花落尽君辞去，旧事凄凉不可听。在经历辗转的多次搬家，最后留在张爱玲身边的物品所剩无几，唯有一本相册簿被细细地珍藏着，从年少青葱到花样年华，从妙龄少女到满鬓清霜残雪。

在《对照记》的结尾，张爱玲写道：然后时间加速，越来越快，越来越快，繁弦急管转入急管哀弦，急景凋年倒已经遥遥在望……

后记

繁华落尽见真淳
——走进张爱玲的传奇世界

赭红色的历史厚幕缓缓展开，烟云笼罩中，隐隐闪现一个纤弱女子的身影。美丽的侧脸镶嵌在一袭华美的旗袍之上，她的脸上浮现着淡淡的忧伤。繁华背后，沧桑世事，她一一抖落生命的纷繁，回归到本真、简单、自由的生活境界。在她的文字里生活，张爱玲用一生的时光去书写一部生命的传奇。

　　古典与现代，冷傲与苍凉，贵族与平民……这一系列看似矛盾的词语都可以在这个女子身上展现。她身披的那一身民国金辉，已然积淀成一种高贵的气质，一种超然万物、睥睨世俗的豁达。当时光淡然，岁月老去，传奇的女子已然化作一个美丽的梦，在历史的车辙下散发出阵阵馥郁馨香。

　　傅雷先生曾有一段话："聪明机智成了习气，也是一块绊脚石。王尔德的人生观，和东方式的'人生朝露'的腔调混合起来，是没有前程的。它只能使心灵从洒脱而空虚而干涸，使作者离开艺术埋葬在沙漠里。"

　　生命是一袭华美的袍子，上面爬满了虱子，悲壮则如大红大绿。

在张爱玲颠簸起伏的生命韵律下，这苍凉手势指挥下的孤独灵魂将生命引向一处绝妙的境地。

自那日读完张爱玲的《金锁记》，我便深深地恋上了这个传奇女子的文字。再细细品味下去，发现她的小说之形宛若古代精致唯美的工笔仕女图，小说之神则是潜藏在水底的暗礁，我们能看到的热闹都是冰山一角，而至于水下的世界，则是一代又一代"张迷"们探索不止挖掘不尽的话题。

于是时隔几十年后的今天，在查阅了与张爱玲有关的大量书信、影像、回忆录等资料之后，我妄想以一介知音之身努力走入这个女子的内心，去探寻冰山下更加神秘的传奇世界。

当再次放眼仰望张爱玲的一生，从轻狂少年到惘然伤别，从初露峥嵘到沦落天涯，从倾城之恋到西洋婚缘……一直到最后，传奇时代金色的梦幻在她幽居的岁月中渐渐淡去，最后随着一缕清风化作文字里恒远的记忆。这些斑斓色彩交织成一个女人的美丽史诗。

张爱玲爱美，不仅是她的文字，也是她的人。在她存世的众多旧相片中，大多妆容精致，仪态大方。当我写到倾国倾城的张胡之恋，她深沉的一声"我将只是萎谢了"不禁让我恸哭泪流。

久久地盯着张爱玲的旧照片呆呆地发愣，我似乎从那张冷艳的脸上，读出一种无力把握命运的悲怆。在照片里，张爱玲是很少笑的，甚至也很少用双眼直视镜头，她的眼神仿佛总是穿越时空之限，透视着未名的远方。那，正是她文字指引的方向。

愿你我都可在张爱玲的文字里找到审视心灵的姿态，找到灵魂的归宿。

张爱玲生平 · 年谱

1920 年 9 月 30 日，生于上海淮安路 313 号，原名张瑛。

1922 年，随父迁居天津英租界，父亲任职津浦铁路局英文秘书。

1928 年，全家由天津搬回上海，母亲回国，张瑛开始读《红楼梦》和《三国演义》等书籍。

1930 年，改名张爱玲，父母离婚。

1939 年，赴港读书，在《西风》上发表第一篇作品《天才梦》。

1941 年，太平洋战争爆发，香港沦陷，港大停课。

1943 年，《沉香屑·第一炉香》《倾城之恋》《金锁记》等名作问世发表，结识胡兰成。

1944 年，与胡兰成结婚。

1945 年，自编《倾城之恋》在上海公演，同年，抗战胜利。

1950 年，以梁京的笔名发表《十八春》。

1952 年，移居香港，结识宋淇、邝文美夫妇。

1953 年，供职于美国新闻署香港办事处。

1955 年，离港赴美，拜访胡适。

1956 年，结识剧作家赖雅，同年 8 月，与赖雅在纽约结婚。

1967 年，赖雅去世。

1973 年，定居洛杉矶；两年后，完成英译清代长篇小说《海上花列传》。

1977 年，用近十年时间完成 14 万余字的《红楼梦魇》。

1995 年 9 月，逝世于洛杉矶公寓，享年七十五岁。

图书在版编目（CIP）数据

在孤独中吟唱传奇：张爱玲传 / 李清秋著．-- 北京：现代出版社，2017.12
ISBN 978-7-5143-6506-1

Ⅰ．①在… Ⅱ．①李… Ⅲ．①张爱玲（1920-1995）—传记 Ⅳ．①K825.6

中国版本图书馆CIP数据核字（2017）第243543号

在孤独中吟唱传奇：张爱玲传

作　　者	李清秋 著
责任编辑	崔晓燕
出版发行	现代出版社
地　　址	北京市安定门外安华里 504 号
邮政编码	100011
电　　话	010-64267325　010-64245264（兼传真）
网　　址	www.1980xd.com
电子信箱	xiandai@vip.sina.com
印　　刷	三河市天润建兴印务有限公司
开　　本	880×1230　1 / 32
印　　张	6.625
版　　次	2017 年 12 月第 1 版　2017 年 12 月第 1 次印刷
书　　号	ISBN 978-7-5143-6506-1
定　　价	32.80 元